パターン展開で バリエーションを 楽しむスカート

2つの原型から作る11のデザイン

小峯有華

contents

	写真	作り方
はじめに		4
本書について		5

01 flare-basic 6 49

02 tight-basic 7 32

03 flare-variation A 8 66

04 flare-variation B 10 54

05 flare-variation C 11 69

06 tight-variation A 12 76

07 tight-variation B 13 79

08 tight-variation C-1 ..... 14 38

09 flare-variation D 16 84

10 flare-variation E 17 88

11 tight-variation C-2 ..... 18 38

12 flare-variation F 20 94

13 tight-variation D 22 91

Design story & Material 作品解説と使用生地 ... 24

作り始める前に知っておきたいこと

布選びのポイント 26

糸と針の選び方 26

スカート作りに役立つ道具と資材 27

サイズ選びについて 28

作業順序について 28

パターン展開と製図について 29

作品作りに役立つ部分縫い

ベンツあきのバリエーション 57

務歯見せファスナーのつけ方 58

スラッシュポケットの作り方 60

シームポケットの作り方 62

ウエストゴムテープ1本の通し方 63

ウエストゴムテープ2本の通し方 64

体型による補正について 65

はじめに

なかなか覚えられないベンツあきや裏地つきファスナーの縫い方、
既製服でよく見かける務歯(むし)見せファスナーあきや裏コバステッチの縫い方、
意外と知られていない、縫い代カットの工夫や裏スカートの丈のパターン修正方法など、
スカートを縫ううえで、知っておくと仕上がりに差がつくさまざまなポイントをギュッとまとめました。
また、お手持ちのパターンもアレンジできるよう、パターン展開の方法や、
素材を選ぶ時の参考に、生地についても紹介しています。
この本が、皆さんの作品作りに少しでも役立てば、とても嬉しいです。

今回も、さまざまな仕様を検討する上で恩師である樋口明美先生にたくさんのアドバイスをいただきました。
また日頃、ソーイングブログをご覧いただいている皆さんにも心から感謝しています。
ありがとうございます。

小峯有華

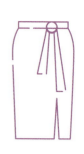

本書について

- 本書は「01 flare-basic」と「02 tight-basic」の2つの型紙を元にパターンの展開を楽しむ本です。

- 「01 flare-basic」を展開して、A～Fまでの6型、「02 tight-basic」を展開して、A～D（C-1、C-2は同型素材違い）までの5型の、全13型を掲載しています。

- 「01 flare-basic」と「02 tight-basic」の型紙は、とじ込み付録となっているのでご利用ください。また、ほかのデザインについても、付録の型紙を使ってパターン展開していくことができます。展開方法については、各作り方ページの「パターン展開と製図」をご覧ください。

- 「01 flare-basic」「02 tight-basic」「04 flare-variation B」「08 tight-variation C-1」「11 tight-variation C-2」は、32ページから写真プロセスで詳しい作り方を紹介しています。その他の作品は、66ページから紹介しています。

- 型紙には縫い代はついていません。裁ち合わせ図を見て、写し取った型紙に必要な縫い代をつけて裁断してください。

- 縫い代の始末は「ロックミシンをかける」としていますが、ジグザグミシンでも問題ありません。

- 左右非対称のデザインのスカートは、裁ち合わせ図の生地の部分に「(表)」と表記しています。生地の表面に型紙を配置して裁断し、接着芯や伸び止めテープを貼る場合は、その裏側に貼ってください。

01
flare - basic

How to make ▷ P49

02
tight - basic
....

| How to make ▷ P32 |

03
flare - variation A
....

How to make ▷ P66

04
flare - variation B

How to make ▷ P54

05
flare - variation C

How to make ▷ P69

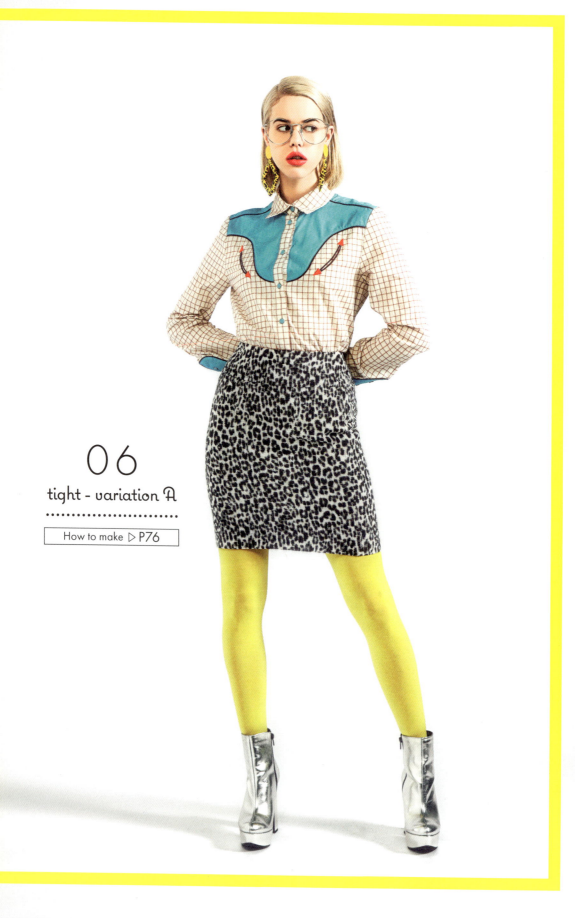

07
tight - variation B
How to make ▷ P79

08
tight - variation C-1

How to make ▷ P38

※11 tight-variationC-2 と同型素材違い

09
flare - variation D

How to make ▷ P84

10
flare - variation 3

How to make ▷ P88

11
tight - variation C-2

How to make ▷ P38

※08 tight-variation C-1と同型素材違い

12
flare - variation F

How to make ▷ P94

13
tight - variation D

How to make ▷ P91

Design story & Material

作品解説と使用生地

作品と使用した生地についての紹介です。作品選び、生地選びの参考にしてください。

tight / タイト

02 tight - basic

原型通りに作るシンプルスカート。合繊服地生地のパフチェックは適度なストレッチがほどよくフィットします。

生地量 133cm幅×80cm
How to make → P32

生地提供 / オカダヤ

06 tight - variation A

ヨークが入ったミニタイトスカート。レオパード柄でも織り柄生地を使用する事で、ラグジュアリーな印象に。

生地量 140cm幅×80cm
How to make → P76

生地提供 / エレガンス

flare / フレア

01 flare basic

フレア原型に裏地をつけたシンプルなスカートは、大胆な色使いのジャカート生地で印象的に。

生地量 140cm幅×120cm
How to make → P49

生地提供 / オカダヤ

03 flare - variation A

フレアたっぷりの8枚切り替えスカートを、ドレス生地の花柄サテンで作りました。裾のパイピングがアクセント。

生地量 148cm幅×270cm
How to make → P66

生地提供 / オカダヤ

04 flare - variation B

シンプルなひざ下丈のスカート。ショップオリジナルのプリント生地は綿麻混で扱いやすく、夏にぴったりな1着です。

生地量 110cm幅×140cm
How to make → P54

生地提供 /cocca

07 tight - variation B

長いベンツと飾りベルトがタテ長効果のロングタイトスカート。ラメ糸入りのドットジャカート生地でスタイリッシュに。

生地量 138cm幅 ×200cm
How to make → P79

生地提供 / エレガンス

08 tight - variation C-1

配色がキュートなチェック柄も、上質なウール地ならカジュアルすぎずに仕上がります。フレアスカートにもおすすめです。

生地量 150cm幅 ×80cm
How to make → P38

生地提供 /momo

11 tight - variation C-2

08と同型ですが、身頃をレース生地、ベルト布をサテンに変えてドレッシーなスカートにしました。

生地量 104cm幅 ×150cm
How to make → P38

生地提供 / エレガンス

13 tight - variation D

フロントボタンあきのAラインスカート。チェックにプリントが施された個性的なウール素材に金属ボタンを合わせました。

生地量 150cm幅 ×140cm
How to make → P91

生地提供 /momo

05 flare - variation C

ウエストゴムのタックスカート。ストライプの織り柄生地でトラッドな雰囲気に仕上げました。

生地量 144cm幅 ×250cm
How to make → P69

生地提供 / エレガンス

09 flare - variation D

ロングのフィッシュテールスカート。ボリュームがあるので軽いシャンブレータフタを使用しました。

生地量 147cm幅 ×290cm
How to make → P84

生地／私物

10 flare - variation E

フィッシュテールのタックスカート。合繊服地生地のレジェンドは、柔らかく光沢があり上品に仕上がります。

生地量 110cm幅 ×260cm
How to make → P88

生地提供 / オカダヤ

12 flare - variation F

ヨークつきのフレアスカート。合皮風にコーティング加工されたコットン生地は、見栄えも扱いやすさも◎。

生地量 152cm幅 ×140cm
How to make → P94

生地／私物

作り始める前に知っておきたいこと

おすすめの材料や道具、サイズや補正、パターン展開の方法などについてご紹介します。

☀ 布選びのポイント

単に縫いやすさだけでなく生地の厚さや織りの密度、また、裁断のしやすさやアイロンのかかりやすさを確認することが大切です。フレアやドレープ系のアイテムは、薄手でもハリ感が強い生地は要注意です。綾織りはしなやかなものが多いので、フレアスカートに向いています。中肉素材のツイードやヘリンボーンは、織りがソフトでアイロンもかかりやすく、どんなデザインでも扱いやすい素材です。

また、シンプルなアイテムを作るときに、生地もベーシックなものにしてしまうとさびしい仕上がりになります。同じ綿素材でも光沢のある綿サテンや織り柄入りなど、生地そのものに表情があるものをおすすめします。

スカートに適した生地・おすすめ生地

初級者におすすめ	中級者におすすめ	上級者におすすめ
綿サテン・綿ツイル・タイプライタークロス・ヘリンボーン・デニム（薄手）など。	ツイード・コーデュロイ・綿ローン・シャンタン・デニム（中厚～厚）・ファイユなど。	サテン・ベルベット・ジョーゼット・シフォン・合皮など。

綿サテン
薄手で光沢があり初心者でも扱いやすい。シンプルなギャザースカートなど分量が多いアイテムにも向く。

綿ツイル
ベーシックで扱いやすい。シンプルなデザインよりも切り替えやベンツあきなどアクセントがあるアイテムにおすすめ。

ツイード
やや肉厚だが柔らかくてアイロンもかかりやすい。タイトにもフレアにもどちらにも使える。

☀ 糸と針の選び方

糸は表示されている数字が大きくなるほど細くなります。針は逆に数字が大きくなるほど太くなります。
使用する生地に合わせて、糸と針を選ぶようにしましょう。

針	糸	布
7～9番	スパン糸90番 フィラメント糸50番	薄地、織りが密な素材、織り糸が細い素材
11番	60番前後	普通地
14～18番	30～20番	厚地用というよりもステッチ糸（太糸）

memo 1　厚地に使用する糸と針は？

デニムやツイードなど厚みがある素材でも、地縫いは普通地と同じ60番の糸と11番の針を使う。

memo 2　スタート前に試し縫いを！

普通地のように見えても、織りが密な生地や織り糸が細い場合、細い糸と針で縫ったほうがきれいに仕上がることがある。送り目の大きさも仕上がりを左右するので、必ず試し縫いをしてから作り始めるのがポイント。

☀ スカート作りに役立つ道具と資材

ソーイングに使用する基本的なもの以外に、知っておくと役立つ道具と資材を紹介します。

糸

❶ ポリエステルスパン糸 30 番（ステッチ用）
❷ ポリエステルスパン糸 60 番（普通地用）
❸ ポリエステルスパン糸 90 番（薄地用）

❹ ポリエステルフィラメント糸 50番（普通地用）／フィラメント（長繊維）を使って作られている糸。しなやかな光沢があり高級感が出る。ワンランクアップの仕上がりを目指したいときにおすすめ。
※スパン糸とフィラメント糸は同じ番手、長さでも太さは異なります。

紙やすり

ミシンで縫うときに布の縫いずれを防ぐために、布と押さえ金の間にはさんで使用する。

押さえ金

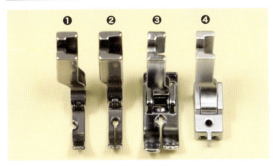

❶ 片押さえ／ファスナーを縫うときに務歯の段差を気にせずに縫うことができる。　❷ 細押さえ／押さえが入りにくい狭い部分に使用したり、片押さえの代わりにファスナーを縫うときに使用したりする。　❸ 基本の押さえ　❹ コンシール押さえ／コンシールファスナー専用の押さえ金。押さえの下側に溝があり、そこにコンシールの務歯をはめて縫うことができる。

ファスナー

❶ コンシールファスナー／閉じると務歯が見えなくなる。ファスナーを目立たせたくないときや、柔らかい生地のときに使用。
❷ フラットニットファスナー／一般的なファスナーあきに使われる。色数が豊富で務歯が樹脂で作られている。
❸ 金属ファスナー／務歯が金属で作られており、コンシールファスナーやフラットニットファスナーよりも丈夫。厚手の生地や務歯見せのデザインのときに使う。

テープ類

❶ 両面接着テープ／接着成分がくもの巣状のテープになったもの。生地と生地の間にはさんでアイロンで接着できる。
❷ 伸び止めテープ／接着芯がテープ状になったもので、写真はストレートタイプ（バイアスタイプもあり）。ファスナーあきやポケット口などに使用。幅は 0.5cm、1cm、1.5cm などがあり、色は使用生地に合わせて選ぶ。

リベット

ポケット口を補強するために打ちつける鋲をリベットという。
ねじ込み式の穴あけポンチなどで生地に穴をあけて打ちつける。

☀ サイズ選びについて

本書に掲載の作品サイズは、タイトスカートはS・M・ML・Lの4サイズ、フレアスカートはS・M・Lの3サイズです。サイズを選ぶ際、自分のヌード寸法と右図の寸法が近いサイズを選んでください。ゆとりは、生地の種類やデザインでも異なります。タイトスカートなど、細身のデザインでは、ウエストで3〜4cm、ヒップで4〜5cmくらいのゆとりを考慮してください。適度なゆとりぶんや運動量を加えて作る事が大切です。体型による補正はP.65で解説しています。

(単位はcm)

ヌード寸法		S	M	ML	L
タイトスカート	ウエスト	66	68	71	74
	ヒップ	90	92	95	98
フレアスカート	ウエスト	66	68	/	70
	ヒップ	103	105	/	107

☀ 作業順序について

本書の作品を作るにあたり、作業の順番を整理しておきましょう。大きくは先にパターン工程、次に縫製作業の順番です。

パターン行程

❶ 採寸
着る人のヌード寸法を測る。ウエスト、ヒップのほか、後ろ中心で着丈を測り、そのサイズを元に型紙からどのサイズをとるかを決める。

❷ パターントレース採寸
適したサイズの型紙を、ロール紙に写す。

❸ パターン展開
各作品の「展開図」を参照しながら、パターン展開する。

※トワル(仮縫い用の布、シーチングなど)&補正修正…仮縫いする場合は、ポケットなどの細部は省略し、シーチングなどでトワルを組み、試着する。気になる点は補正する。

❹ パターンチェック
各パーツの寸法や長さ、合印の位置などに誤りがないか、実際に型紙同士を合わせたりしてチェックする。

❺ 縫い代つけ・パターンをカット
裁ち合わせ図を参照して必要な縫い代を各パーツにつけ、縫い代をつけた状態でパターンをカットする。

準備と縫製の工程

❶ 地直しアイロン
スワッチカット(タテ10cm、ヨコ8cm程度にカット)し、試しアイロンをかけ、問題がなければ、使用する生地に緯糸を通してアイロンをかけ、地直しする。このとき、生地の裏側にアイロンをかけるのがポイント。ウール混やストレッチ生地はスチームを多めにする。

❷ 裁断・印つけ
裁断する生地を2つ折りにし、各作品の裁ち合わせ図を参照しながらパターンを配置する。このとき一方向の柄の布はパターンを差し込むように配置することができないので注意する。合印箇所には切り込みを入れ、ダーツやポケット位置には糸印かチャコペンシルで印をつける。

❸ 芯貼り・伸び止めテープ貼り
生地の耳があるところで必要分を粗裁ちし、全面に芯を貼ってから裁断する(ベルト布、持ち出し、見返しなど)。ファスナー位置やポケット口には伸び止めテープを貼る。このとき、アイロンの当て布にオーガンジーを使うと、貼る面が見えるので接着芯や伸び止めテープがずれずにきれいに貼れる。

❹ ロックミシン・準備アイロン
縫い代を割って始末する箇所や2つ折りで始末する裾などにロックミシン(またはジグザグミシン)をかけておく。裾を仕上がりに折って、アイロンで折り目をつけておく。

パターン展開と製図について

ウエストラインを下げたり、ダーツをとじたり……、作品によく出てくるパターン展開とトレース方法です。実際は各作品の「パターン展開と製図」を参照し、パターン展開してください。

1 ウエストラインの下げ方　（製図は 13 tight-variation D より）

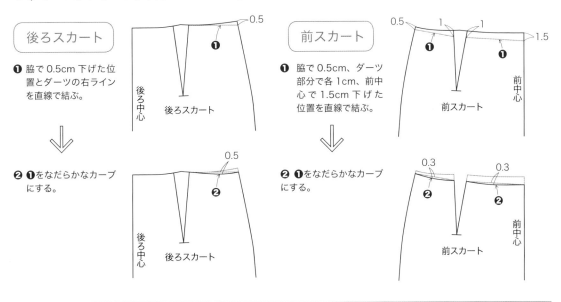

2 ベルト布の製図　（製図は 13 tight-variation D より）

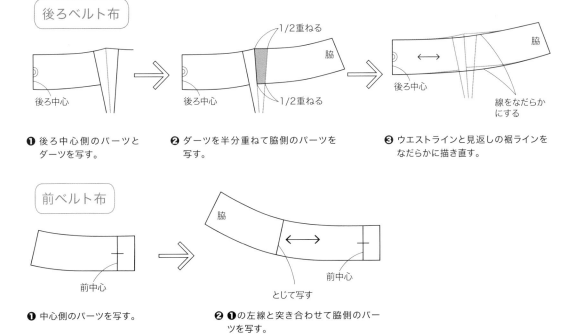

3 ヨークの製図 (製図は 13 tight-variation D より)

❶ 中心側を写す。

❷ ダーツの上側を 1/2 重ね、下側はとじて脇側を写す。

❸ ウエストラインをなだらかにする。

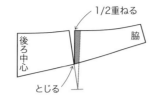
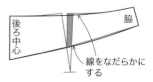

4 向こう布、袋布の製図 (製図は 13 tight-variation D より)

❶ ダーツも含めて写す。ダーツ止まりから中心側に向かって直線を引く。

❷ ❶で引いた直線を開き、ダーツ部分をとじる。中心側のタテラインをなだらかに描き直す。

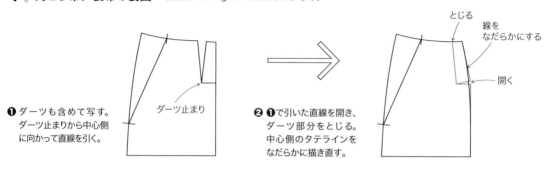

5 裏地用製図のひき方 (製図は 08 tight-variation C-1、11 tight-variation C-2 より)

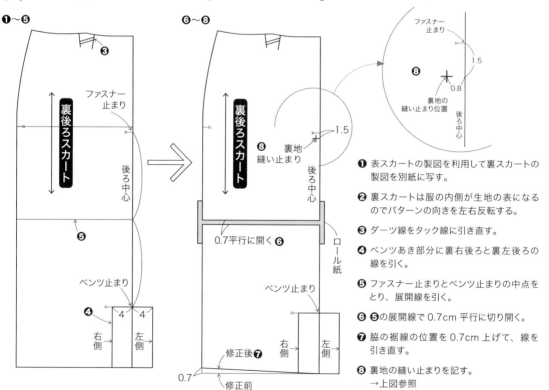

❶ 表スカートの製図を利用して裏スカートの製図を別紙に写す。

❷ 裏スカートは服の内側が生地の表になるのでパターンの向きを左右反転する。

❸ ダーツ線をタック線に引き直す。

❹ ベンツあき部分に裏右後ろと裏左後ろの線を引く。

❺ ファスナー止まりとベンツ止まりの中点をとり、展開線を引く。

❻ ❺の展開線で 0.7cm 平行に切り開く。

❼ 脇の裾線の位置を 0.7cm 上げて、線を引き直す。

❽ 裏地の縫い止まりを記す。
→上図参照

6 フレアスカートのパーツを平行に開く （製図は 10 flare-variation E より）

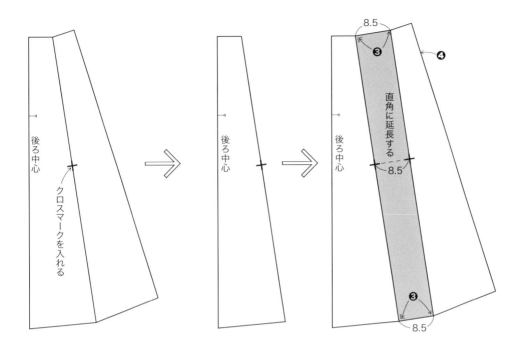

❶ 展開線上にクロスマークを入れる。
❷ 後ろ中心側のパーツを写す。
❸ ウエスト、裾、クロスマークの位置で、展開線に対して直角に線を引き8.5cmの寸法をとる。
❹ 隣りのパーツを位置に合わせて写す。

7 パターンチェック （製図は 13 tight-variation D より）

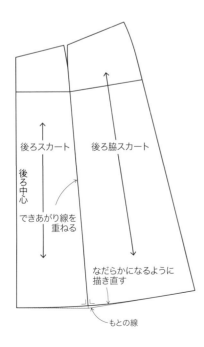

パターンができたら、縫い合わせるパーツ同士の仕上がり線を重ね、ウエストラインや裾線のつながりがよくなるよう調整する。

02 tight-basic p.7

使用型紙…とじ込み付録【裏面】
前スカート / 後ろスカート / ベルト布

[出来上がり寸法]

- Ⓢ ウエスト 66cm/ ヒップ 90cm/ スカート丈 58cm
- Ⓜ ウエスト 68cm/ ヒップ 92cm/ スカート丈 58cm
- ⓂⓁ ウエスト 71cm/ ヒップ 95cm/ スカート丈 58cm
- Ⓛ ウエスト 74cm/ ヒップ 98cm/ スカート丈 58cm

[材料と用尺]

表 布 … 133cm 幅　S・M・ML = 80cm、L = 90cm
インナーベルト … S・66cm、M・68cm、ML・71cm、L74cm
接着芯 … 60cm 幅　80cm
伸び止めテープ … 1.5cm 幅　50cm
コンシールファスナー … 長さ22cm　1本
前カン … 1組

裁断

裁ち合わせ図を参照して型紙を配置し、前後のスカートを裁断する。ベルト布は粗裁ちしておく。

[裁ち合わせ図]

※ 指定以外の縫い代は 1cm
※ ☐ 接着芯・伸び止めテープを貼る位置

表布

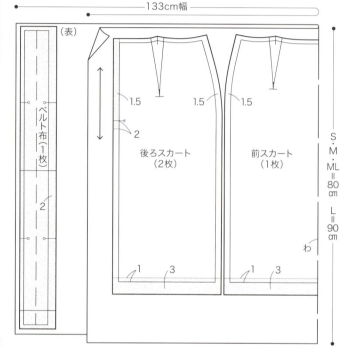

印つけ

1 切り込みを入れる

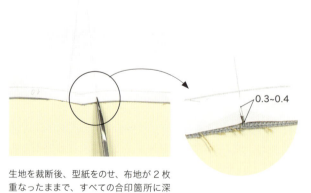

生地を裁断後、型紙をのせ、布地が2枚重なったままで、すべての合印箇所に深さ0.3〜0.4cmの切り込みを入れる。

2 糸印をつける

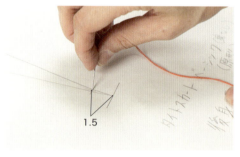

❶ ダーツはダーツ止まりより1.5cm手前の位置に糸印をつける。前後スカートの4ヵ所を同様に。糸を2本どりにし、型紙をのせたまま、印をつけたい位置に型紙の上から糸印用の糸を通した針を垂直に刺す。

❷ 上側の糸が抜けないように加減して裏側から糸を出す。

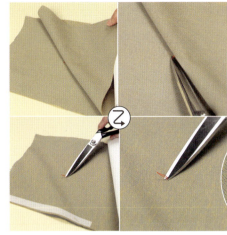

❸ 糸が抜けないように型紙をはずし、布の間の糸を切ってから布下側、上側の順で糸を短く切る。

糸を指の腹などでつぶしておくと抜けにくくなる。

Point

下準備

1 接着芯、伸び止めテープを貼る

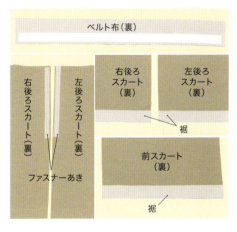

ベルト布は、P.40・**1**を参照して準備する。前後スカートの裾に接着芯、後ろスカートのファスナー口に伸び止めテープを貼る。

2 ウエストベルトを仕上がりに折る

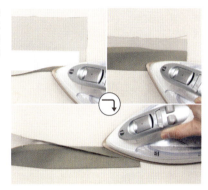

ベルト布はインナーベルトに合わせて、写真の順に縫い代をアイロンで折る。

縫製

3 ロックミシンをかける

前後スカートの脇、裾にロックミシンをかける。その後、裾はアイロンで仕上がり線に折っておく。

1 ダーツを縫う

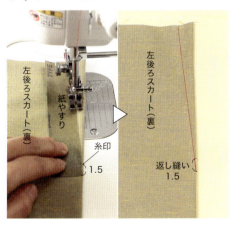

❶ ダーツの山で中表に合わせて折る。ウエストのダーツ位置と糸印から1.5cm下の布端（ダーツ止まり）に紙やすりを当てて縫う。ダーツ止まりまで縫ったら、糸印の位置まで返し縫いをする。

2 後ろ中心を縫う

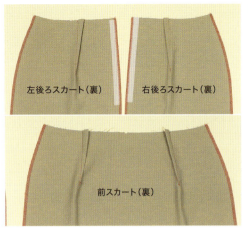

❷ すべてのダーツを縫い、中心側に倒してアイロンをかける。

左右の後ろスカートを中表に合わせ、ファスナー止まりから裾まで縫う。縫い代はアイロンで割る。

3 コンシールファスナーをつける

❶ ファスナーの止め具を下端までずらしてスライダーを下ろし、ミシンの押さえ金を片押さえ金にかえる。スカートの縫い代とファスナーを中表に合わせてファスナー止まりまで縫う。このとき務歯は起こさず、務歯の際を縫う。

❷ ファスナーを閉め、左後ろスカートの縫い代と反対側のファスナーを中表に合わせる。

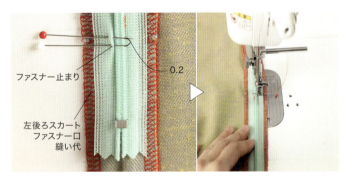

❸ ファスナー止まりより0.2cm上にまち針を打つ。片押さえ金で0.2cm上のまち針の位置から上端まで、務歯の際を縫う。

❹ スライダーの近くまできたら、いったん針を下ろしてミシンを止める。

❺ 押さえ金にかからない位置まで、スライダーを下にずらす。

❻ 上端まで縫う。

❼ 仮縫いの完了。スライダーをファスナー止まりまで下げる。

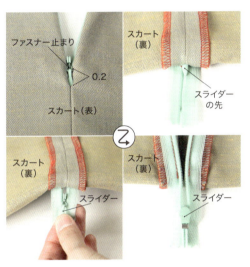
❽ ファスナーと縫い目の間に、スライダーの先を差し込み、スカートの裏側からスライダーを出す。

❾ 中温のアイロンで務歯を起こす。

> **Check!**
> こうすることで、コンシール押さえ金を使って縫う本縫いが縫いやすくなります。長く当てるとファスナーが伸びて歪むので注意してください。

❿ ミシンの押さえ金をコンシール押さえ金にかえ、ファスナーの務歯を起こして押さえ金の溝にはさみ、ファスナー止まりまで縫う。反対側も同様に縫う。

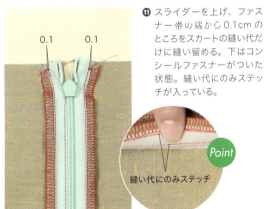
⓫ スライダーを上げ、ファスナー帯の端から0.1cmのところをスカートの縫い代だけに縫い留める。下はコンシールファスナーがついた状態。縫い代にのみステッチが入っている。

⓬ ファスナーの止め具を、手でファスナー止まりの上に上げる。

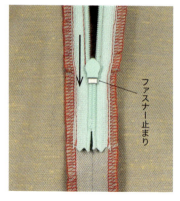

⓭ スライダーを、止め具ごとファスナー止まりの位置まで下げる。

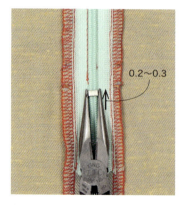

⓮ 止め具を0.2〜0.3cm上側に上げて、ペンチで固定する。

4 脇、裾を縫う

❶ 前後スカートを中表に合わせて両脇を縫い、アイロンで縫い代を割る。裾にロックミシンをかける。

❷ 裾をぐるりと一周縫う。

5 ウエストベルトを縫う

❶ スカートとベルト布を中表にして、ウエスト部分を縫う。

❷ ベルト布の両端を中表に折り、1cmのところを縫う。

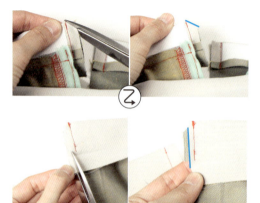

❸ ウエストベルトの両端の縫い代の角、反対側の縫い代幅の半分をカットする。

> ······ Check! ······
> こうすることで、縫い代の重なりが少なくなり、きれいな仕上がりになる。

❹ ウエストベルトを表に返す。縫い線で折って角を指で押さえながら返す。

❺ 表に返したら、角を目打ちできれいに出す。

❻ ウエストベルトを表に返したところ。

❼ 仕上がりの形に整え、❶で縫った縫い目にかぶせるようにしてまち針で留める。

❽ 表から落としミシンをかける。

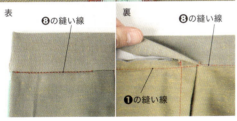

❾ 持ち出しの部分は、0.1〜0.2cm 内側を縫う。表から見たステッチの状態（左下）と裏から見たステッチの状態（右下）。

❿ ウエストベルトに前カンを縫いつける。

08・11 tight-variation C-1・2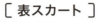

使用型紙…とじ込み付録【裏面】
前スカート / 後ろスカート / ベルト布

[出来上がり寸法]

- Ⓢ ウエスト 66cm/ ヒップ 90cm/ スカート丈 68cm
- Ⓜ ウエスト 68cm/ ヒップ 92cm/ スカート丈 68cm
- ⓂⓁ ウエスト 71cm/ ヒップ 95cm/ スカート丈 68cm
- Ⓛ ウエスト 74cm/ ヒップ 98cm/ スカート丈 68cm

[パターン展開と製図]

裏地は縫い縮みしやすいうえに、表地に比べて伸縮がほとんどないため、丈が不足する可能性がある。ベンツあきがあるデザインは、あらかじめ丈を追加しておく。

1. 前後スカートの丈を指定寸法延長する。
2. 後ろスカートの指定位置にベンツ止まりの印を描く。
3. 前後スカートそれぞれに裏布裾線を描き、裏スカートを別紙に写す。
4. 下図に沿って裏後ろスカートの丈を修正し、ファスナーあき部分に裏地縫い止まりの印を描く。（→ P.30・5）
5. 縫い代をつけ、カットする。

[表スカート]

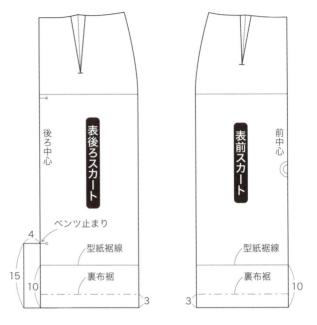

[裏スカート]

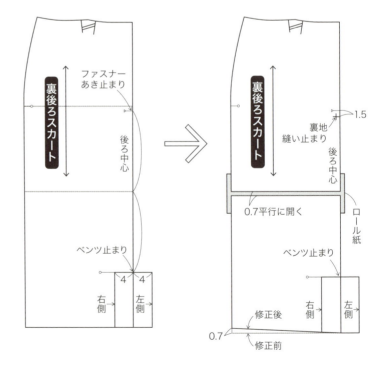

[材料と用尺]

表布 … C-1/150cm幅 80cm
(L=90cm)、C-2/104cm幅
150cm(別布・112cm幅 20cm)
裏布 … 120cm 80cm
インナーベルト … S・66cm、
M・68cm、ML・71cm、L74cm

接着芯 … 60cm幅 80cm
伸び止めテープ …1.5cm幅
50cm
フラットニットファスナー …
長さ22cm 1本
前カン … 1組

裁断・印つけ

裁ち合わせ図を参照して型紙を配置し、表布、裏布の前後スカートを裁断する。ベルト布は粗裁ちしておく。

[裁ち合わせ図]　※ 指定以外の縫い代は1cm
□ 接着芯・伸び止めテープを貼る位置
▨ 伸び止めテープ・インナーベルトを重ねて貼る位置

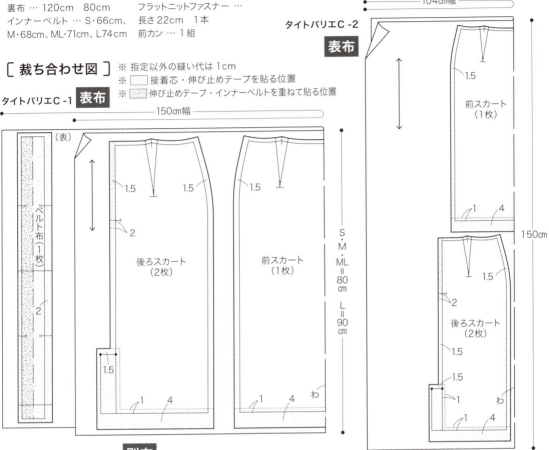

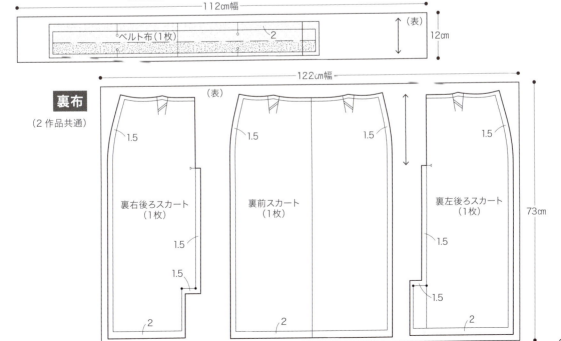

39

下準備

1 接着芯を貼る

Check!
こうすると、接着芯がアイロンでゆがんだりずれることがなく布の隅まできれいに貼れる。

❶ 粗裁ちしたベルト布にひとまわり小さく粗裁ちした接着芯を貼り、型紙をのせ、正確なサイズに裁断する。

❷ ベルト布にインナーベルトを貼り、前後スカートの裾に接着芯、後ろスカートのファスナー口に伸び止めテープを貼る。

2 ウエストベルトを仕上がりに折る

ベルト布を仕上がりの形になるように縫い代をアイロンで折る。

3 ロックミシンをかける

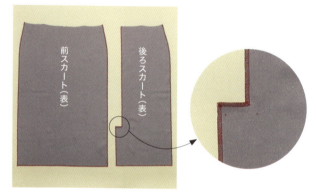

前後スカートの脇、裾、後ろ中心からベンツ部分にロックミシンをかける。

4 アイロンをかける

❶ 右後ろスカートは裾の仕上がり線をアイロンで折ってからベンツを後ろ中心で折る。左後ろスカート、前スカートは裾のみ、アイロンで折り上げる。

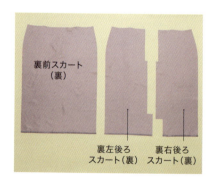

❷ 裏スカートは裾を仕上がり線で三つ折りにする。

縫製

1 ダーツを縫う

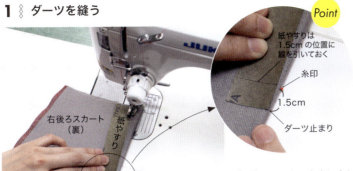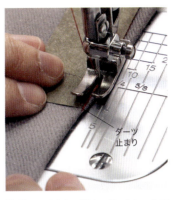

❶ ダーツの山で中表に合わせて折る。ウエストのダーツ位置と糸印から1.5cm下の布端（ダーツ止まり）に紙やすりを当てて縫う。

Point
紙やすりは1.5cmの位置に線を引いておく
糸印
1.5cm
ダーツ止まり

❷ ダーツ止まりの際まで縫ったら、糸印の位置まで返し縫いする。

❸ ダーツの縫い上がり。

❹ すべてのダーツを縫い、中心側に倒してアイロンをかける。

2 後ろ中心を縫う

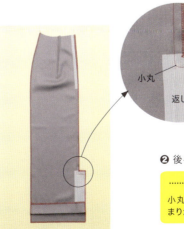

❶ 左右の後ろスカートを中表に合わせ、後ろ中心を縫う。ベンツ止まりは角をつけずに0.5cm手前から小丸に縫い、生地端より1cm手前で返し縫いをする。

❷ 後ろ中心が縫い上がったところ。

········· Check! ·········
小丸に縫うことで、ベンツのあき止まりがほつれにくくなる。

41

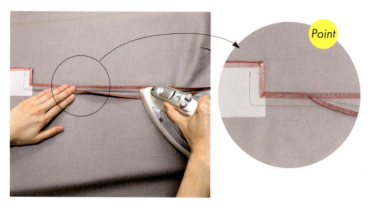

❸ 縫い代を割ってアイロンをかけるが、ベンツ部分は片倒しにするので、ベンツに向かって縫い代を斜めに折る。

❹ 表スカートの後ろ中心が縫い終わったところ。

3 裏スカートの後ろ中心を縫う

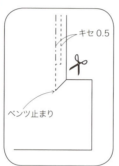
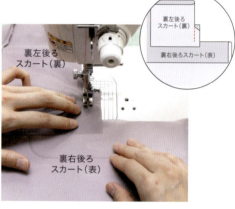

❶ 中表にしてキセ0.5cmをとりながら後ろ中心を縫う。ベンツ止まりで針を落として押さえ金を上げる。裏左後ろスカートのみ、針に向かって対角線に切り込みを入れる。

❷ 針を落としたまま生地を反時計回りに回転し、裏右後ろスカート（表）を手前にする。裏左後ろスカートの切り込みから裾側を左に折り上げて、ベンツ上部を縫う。

❸ 裏スカートの後ろ中心が縫えたところ。

❹ キセ0.5cmをとってアイロンをかける。

·········· **Check!** ··········
キセとはゆとりのこと。裏布は伸縮性がほとんどない素材のため、仕上がり線よりも外側を縫い、仕上がり線で折ってアイロンをかけることにより、ゆとりができ、動きによるつっぱりやほつれを防ぐ。

4 表スカートにコンシールファスナーをつける

❶ 片押さえ金を使って務歯の際を仮縫いする（→ P.34～35・3-❶～❾）。

❷ コンシール押さえでファスナーを本縫いし、止め具を固定する（→ P.35～36・3-❿～⓮）。

5 裏スカートをファスナーに縫いつける

❶ ファスナーの仮縫いした糸（4-❶）をほどく。

❷ 右裏スカートのファスナー口を仕上がりの状態になるように縫い代を折って当てる。縫い代とファスナーの帯を押さえ、裏スカートを右側にめくって縫う部分を出す。

裏地の見え幅0.6

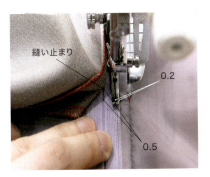

縫い止まり
0.2
0.5

❸ 押さえ金を細押さえ金、または片押さえ金にかえ、ファスナーの帯端から 0.2cm のところを縫う。

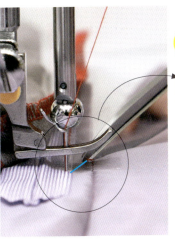

ファスナー帯は切らないように裏地だけをギリギリまで切るのがポイント。

Point

❹ 裏地縫い止まり位置まで縫ったら（❸参照）、針を落としたまま押さえ金を上げ、布を時計回りに 90 度回転させ、縫い止まりから針に向かって裏地に切り込みを入れる。

❺ 布を時計回りに180度回転して、務歯の中心とスカートの後ろ中心の縫い目を合わせる。

❻ ファスナーの底の部分を縫う。

❼ 針を落として押さえ金を上げ、❹と同様に、縫い止まりから針の位置まで切り込みを入れる。

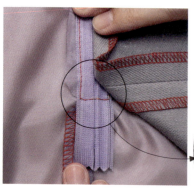

❽ 向きをかえ、もう片側も同様に縫う。

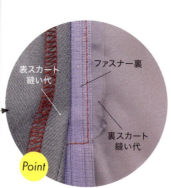

Point

❾ 縫い止まりから下の裏地の縫い代、ファスナー、表地の縫い代を通して中とじする。

6 脇を縫う

❿ コンシールファスナーが縫い上がったところ。裏スカートのタックをたたんでミシンで仮留めする。

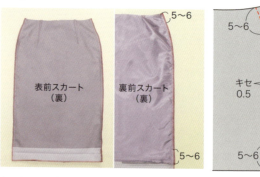

表スカート、裏スカートの脇をそれぞれ縫う。表スカートの縫い代は割ってアイロンする。裏スカートは0.5cmのキセを入れて縫い、後ろ側に倒してアイロンする。

7 裏スカートの裾を始末する

三つ折り位置の縫い代をカットしてから、三つ折りにして縫う。

8 ベンツを仕上げる

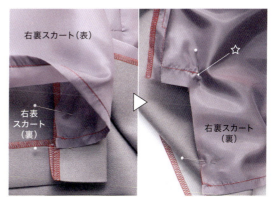

❶ 右ベンツを縫う。裏地の角の印と表地の印を中表に合わせ（☆）、裏地の裾まで縫う。

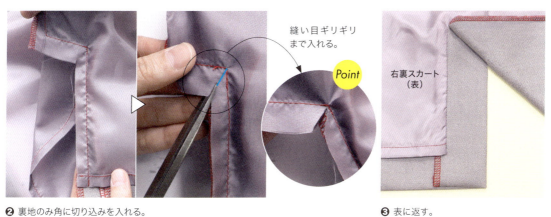

❷ 裏地のみ角に切り込みを入れる。

❸ 表に返す。

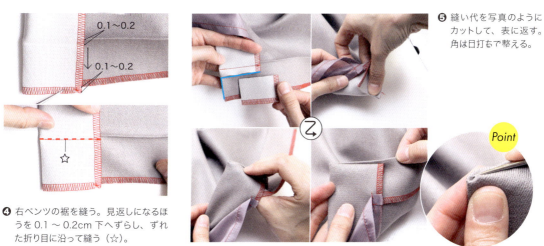

❹ 右ベンツの裾を縫う。見返しになるほうを 0.1～0.2cm 下へずらし、ずれた折り目に沿って縫う（☆）。

❺ 縫い代を写真のようにカットして、表に返す。角は目打ちで整える。

45

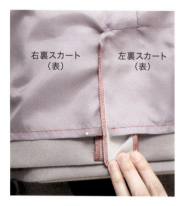

❻ 左ベンツを縫う。

❼ 右ベンツの❶と同様に仕上がりの状態に裏地の縫い代を折って合わせ、縫う部分を出す。まち針で留めて縫う。

❽ 左ベンツが縫えたところ。

❾ 左ベンツの裾を縫う。裾の折り線を逆にして中表に折り、タテ線を縫う。

❿ 表に返したところ。

⓫ 左後ろベンツの端から0.2cmの位置にコバステッチをかける。

⓬ 右後ろの裾から手を入れ、ベンツ上部を出す。

⓭ 裏スカートと表スカートのベンツ上部の縫い代を合わせ、中とじする。

9 ベルト布をつける

⑭ 縫ったところ。

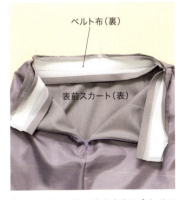

❶ スカートとベルト布を中表に合わせて縫う。

❷ ベルト布の両端を中表に折る。

❹ 縫い代の余分をカットする（→ P.36・**5**-❸）。

Check!
こうすることで、縫い代の重なりが少なくなり、きれいな仕上がりになる。

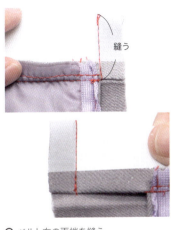

❸ ベルト布の両端を縫う。

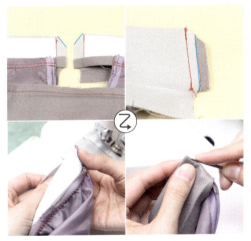

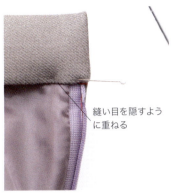

❺ ベルト布を仕上がりの形に整えて、まち針で留める。

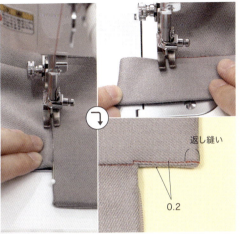

❻ スカートの表側を見ながら落としミシンで仕上げる。持ち出し部分は、0.2cm 内側に入ったところを縫う。

10 仕上げ

❶ 持ち出しに前カンをつける。

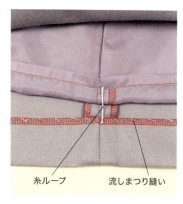

糸ループ　　流しまつり縫い

❷ 裾は流しまつり縫いし、左右の脇の裾に糸ループを作り（下記参照）裏地とつなげる。

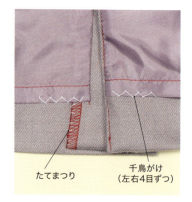

たてまつり　　千鳥がけ（左右4目ずつ）

❸ ベンツ部分の裏地の裾は、左右4目ずつの千鳥がけ（下記参照）で表スカートの裏に留める。

糸ループの作り方

● 糸は手縫い糸か30番手を2本どりする。

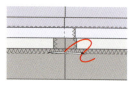

1 裾のロックミシンの裏側から糸を出し、もう一度、0.1〜0.2cm布をすくう。

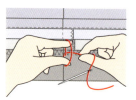

2 糸を引ききらないで、左手の親指と人指し指にかける。

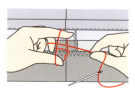

3 右側にある糸を左手の中指で左側に引き出す。

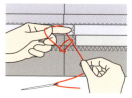

4 引き出した糸を左手の親指と人指し指にかけ直して、右手で糸を引ききる。

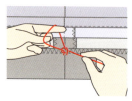

5 3〜4を繰り返し、3〜4cm程度編む。

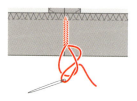

6 最後はループの中に針を通して糸を引く。

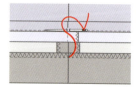

7 裏スカートの裾の三つ折りした上部に刺して留める。

千鳥がけの縫い方

● 糸は手縫い糸か60番手を1本どりする。

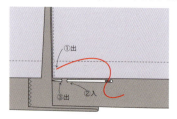

1 上の裏布の裏から糸を出し、下の表布の右斜め下の位置で右から左に0.2cm程度糸を通す。

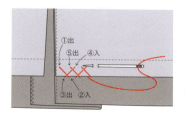

2 上の布の右斜め上の位置で、右から左に0.2cm程度糸を通し、再び、下の布の右斜め下に糸を通す。これを繰り返す。

01 flair-basic p.6

使用型紙…とじ込み付録【表面】
前スカート / 後ろスカート /
裏前スカート / 裏後ろスカート
/ 前見返し・後ろ見返し

[出来上がり寸法]

- Ⓢ ウエスト 66cm / スカート丈 50cm
- Ⓜ ウエスト 68cm / スカート丈 50cm
- Ⓛ ウエスト 70cm / スカート丈 50cm

[材料と用尺]

表布 … 140cm 幅　120cm
裏布 … 122 幅　110cm
接着芯 … 50cm 幅　30cm
伸び止めテープ … 1cm 幅　80cm、
　　　　　　　　 1.5cm 幅　50cm
コンシールファスナー … 長さ22cm　1本
スプリングホック … 1組

裁断

裁ち合わせ図を参照して型紙を配置し、
表布、裏布の前後スカートを裁断する。
前後見返しは粗裁ちしておく。

[裁ち合わせ図]

※ 指定以外の縫い代は 1cm
※ ▢ 接着芯・伸び止めテープを貼る位置
※ ▨ 伸び止めテープ・インナーベルトを重ねて貼る位置

表布

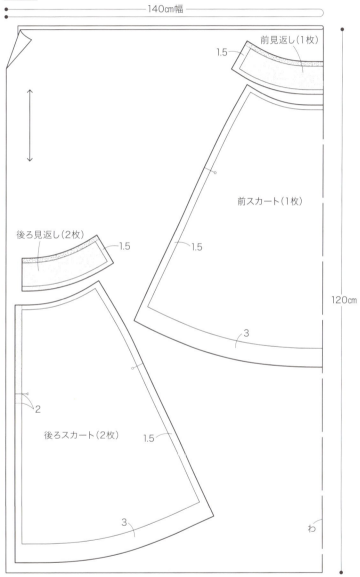

49

裏布

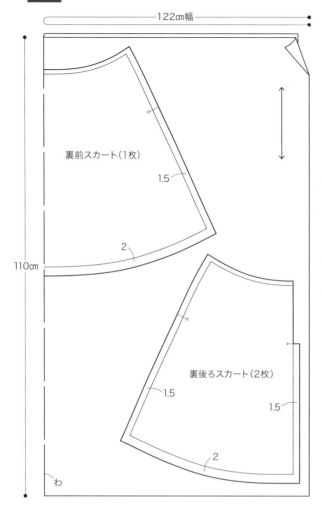

印つけ

1 切り込みを入れる

生地を裁断後、型紙をのせたまま、布地が2枚重なったままで、すべての合印箇所に深さ0.3〜0.4cmの切り込みを入れる（→P.32・1）。

下準備

1 接着芯、伸び止めテープを貼る

見返しは接着芯を貼ってから裁ち直し、伸び止めテープを貼る。さらに、後ろスカートのファスナー口にも伸び止めテープを貼る。アイロンの当て布にオーガンジーを使うと貼る面が見えてずれにくい。

2 ロックミシンをかける

表スカート脇、見返しの脇、後ろ中心にロックミシンをかける。

3 アイロンをかける

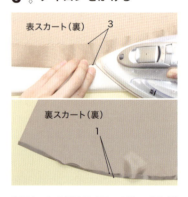

表スカートの裾はアイロンで3cm幅に折り、裏スカートの裾は1cm幅で三つ折りにする。

縫製

1 表スカートを縫う

❶ 左右の後ろスカートを中表に合わせ、ファスナー止まりから裾まで縫う。縫い代はアイロンで割る。コンシールファスナーをつける（→ P.34〜36・**3**）。

❷ 前後スカートを中表に合わせて両脇を縫い合わせる。アイロンで縫い代を割る。

2 裏スカートを縫う

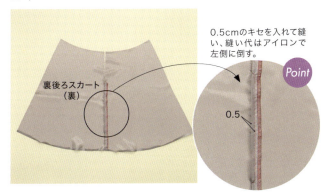
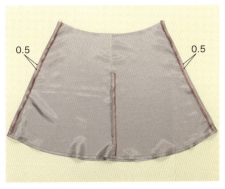

❶ 裏後ろスカートのファスナー止まり以下を縫う。

Point 0.5cmのキセを入れて縫い、縫い代はアイロンで左側に倒す。

❷ 前後スカートを中表に合わせて0.5cmのキセを入れ両脇を縫う。縫い代は2枚一緒にロックミシンをかけ、アイロンで縫い代を後ろ側に倒す。裾は1cm幅で三つ折り始末する（→ P.45・**7**）。

3 見返しを縫い、裏スカートと縫い合わせる

❶ 前後見返しを中表に合わせて両脇を縫い合わせる。

❷ 縫い代の上部の角を2cmカットしてアイロンで縫い代を割る。

Check! 身頃脇の縫い代もこうしておくと、厚みが少なくなりスッキリ仕上がる。

縫製

4 裏スカートと表スカートを合わせる

❹ 裏スカートと見返しを中表に合わせて縫う。縫い代は2枚一緒にロックミシンをかけてスカート側に倒す。

表スカートのファスナー口に裏スカートを縫いつける（→P.43〜44・**5**）。

5 ウエストを始末する

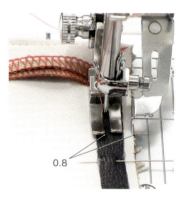

❶ 表スカートと裏スカートを中表にし、ウエスト部分をまち針で留める。

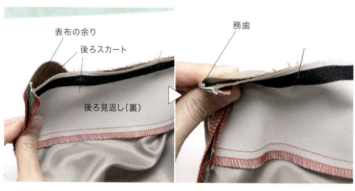

❷ 脇線の位置を合わせて留めていくと、ファスナー部分で表布の余りが出るので、務歯を境にしてたたむ。

❸ 上端から0.8cmのところを縫う。

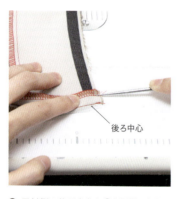

❹ 反対側の後ろ中心も❷と同様にたたんで縫う。

❺ 縫い代に約2cm間隔で切り込みを入れる。

❻ 後ろ中心の角は縫い線でしっかりと折ってから表に返す。見返しを0.1cm控えて折り、アイロンをかける。

❼ 裏コバステッチを入れる。ファスナーから3〜4cmまではミシンが入らないので、まち針で印をつけておく。

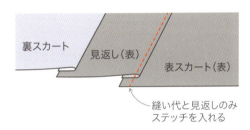
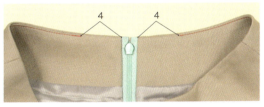

❽ 縫い代を見返し側に倒し、まち針を留めたところから見返し側に0.2cmのコバステッチをかける。

❾ 裏コバステッチがかかったところ。

6 仕上げ

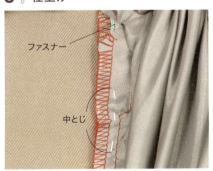

❶ ファスナー止まりから下の裏地の縫い代、ファスナー、表地の縫い代を通して中とじする。

❷ 流しまつり縫いで裾をまつる。裏裾脇に糸ループを作り（→P.48）、裏スカートの裾とつなぐ。

❸ ファスナーの上にスプリングホックをつける。

04 flair-variation B　p.10

使用型紙…とじ込み付録【表面】
前スカート / 後ろスカート / 前見返し / 後ろ見返し

[出来上がり寸法]

- Ⓢ ウエスト 66cm/ スカート丈 60cm
- Ⓜ ウエスト 68cm/ スカート丈 60cm
- Ⓛ ウエスト 70cm/ スカート丈 60cm

[材料と用尺]

表布 … 110cm幅　140cm
接着芯 … 50cm幅　30cm
伸び止めテープ … 1cm幅　80cm、1.5cm幅　50cm
コンシールファスナー … 長さ22cm　1本
スプリングホック … 1組

[裁ち合わせ図]

※ 指定以外の縫い代は1cm
※ ▢ 接着芯・伸び止めテープを貼る位置
※ ▨ 伸び止めテープ・インナーベルトを重ねて貼る位置

[パターン展開]

丈を10cm伸ばして裾線を引き直す。

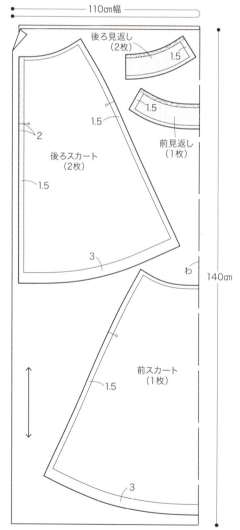

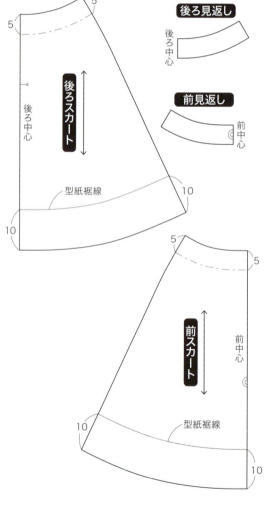

裁断

裁ち合わせ図を参照して型紙を配置し、前後スカートを裁断する。前後見返しは粗裁ちしておく。

印つけ

切り込みを入れる

生地を裁断後、型紙をのせたまま、布地が2枚重なったままで、すべての合印箇所に深さ0.3〜0.4cmの切り込みを入れる（→P.32）。

下準備

1 接着芯、伸び止めテープを貼る

見返しは接着芯を貼ってから裁ち直し、伸び止めテープを貼る。後ろスカートのファスナー口に伸び止めテープを貼る。

2 ロックミシンをかける

表スカート脇、見返しの脇、後ろ中心にロックミシンをかける。

3 アイロンをかける

表スカートの裾は3cm幅に折ってアイロンをかける。

縫製

1 スカートと見返しをそれぞれ縫う

❶ 左右の後ろスカートを中表に合わせ、ファスナー止まりから裾まで縫う。縫い代はアイロンで割る。コンシールファスナーをつける（→P.34〜36・**3**）。

❷ 前後スカートを中表に合わせて両脇を縫い合わせる。アイロンで縫い代を割る。

❸ 見返しの脇を縫い、アイロンで割る。脇の縫い代は、ウエスト側を三角に切っておく（→P.51・**3**）。下端にロックミシンをかける。

2 見返しをファスナー帯に縫いつける

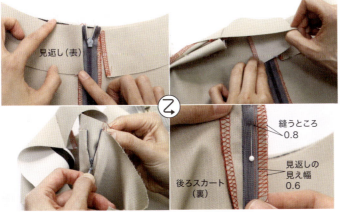

❶ ファスナー部分をいったん仕上がりの形にする。生地端を押さえながら中表になるように返し、スライダーを下ろしてから見返しとファスナー帯端を縫う。

❷ 反対側も同様に縫う。

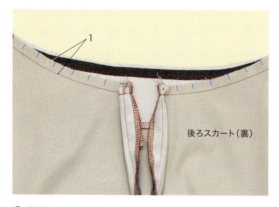

❸ 見返しとスカートを中表にしてウエスト部分を縫う。縫い代に切り込みを入れる（→P.52）

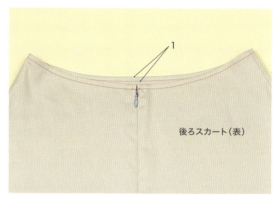

❹ スカートを表に返し、見返し側を0.1cm控えて折ってアイロンをかけてから、1cm幅でステッチを入れる。

3 仕上げ

❺ 脇の縫い目に合わせて落としミシンをかけ、見返しを固定する。

❶ 流しまつり縫いで裾をまつる。

❷ スプリングホックをつける。

memo ロックミシンの糸端の始末

1 ループ返しを縫い目に通し、糸端を引く。

2 引き抜く。

3 糸を引き締めてから切る。

作品作りに役立つ部分縫い

ベンツやファスナー、ポケットなど、P.32〜56で紹介できなかった部分縫いのテクニックです。掲載の作品はもちろん、いろいろなスカートを縫うときに役立ちます。

ベンツあきのバリエーション

見返しつきのベンツあきです。07tight-variation B（写真 P.13・作り方 P.79）を例に紹介します。

※ 写真は説明しやすいようにパーツの状態で作っています。全体の工程は、作り方ページをご参照ください。

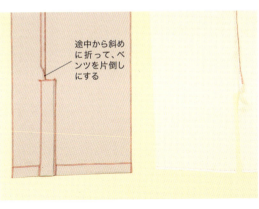

1 表前スカートの切り替え部分は、ウエストからベンツ止まりを通り、生地端より1cm手前まで縫う。縫い代は割りアイロンし、ベンツ部分は斜めに折って片倒しにする。裏前スカートはベンツ止まりまで縫い、ロックミシンは縫い止まりの2cm手前で逃がす（→P83・7）。

2 左スカートのベンツ部分を中表に合わせ縫う。

3 右スカートのベンツ部分を中表に合わせ縫う。

4 裏右前スカートの上部の角（裏地のみ）を縫い線ギリギリまで切り込む。

5 左ベンツ上部1枚と裏右前スカートのベンツ上部を合わせて縫う。

6 ベンツ上部の縫い代を合わせて中とじする。

務歯見せファスナーのつけ方

金属ファスナーの務歯をデザインのポイントにとり入れたファスナーのつけ方です。12 flare-variation F（写真P.20〜21・作り方P.94）の見返しをつけてウエストを処理する例で紹介します。

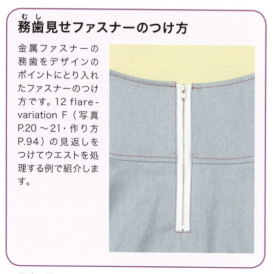

※ 写真は説明しやすいようにパーツの状態で作っています。全体の工程は、作り方ページをご参照ください。

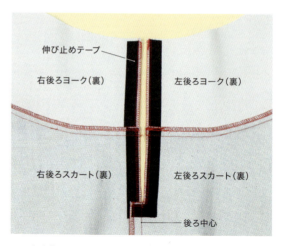

1 左右後ろスカートを中表に合わせて、後ろ中心を縫う。左右それぞれの表見返しをスカート上部と中表に合わせて縫う。

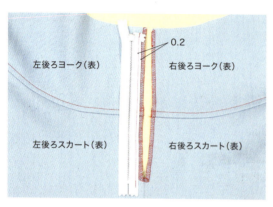

2 左後ろスカートのファスナー口とファスナー帯を中表に合わせ、ファスナー帯の上端を三角に巻くように折る（→右図）。三角に折ったところからファスナー止まりまで縫う。

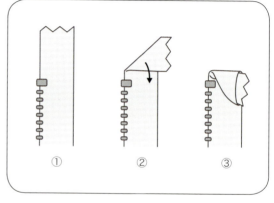

① ファスナーをスカートのファスナー口に合わせる。
② 図のように上端を三角に折る。
③ 巻き込むように、もう一度三角に折る。

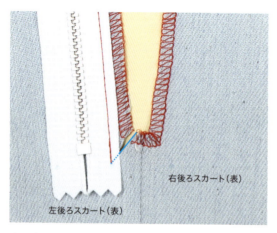

3 左スカートのファスナー口の縫い代からファスナー止まりに向かって斜めに切り込みを入れる。※ファスナー帯は切らない。

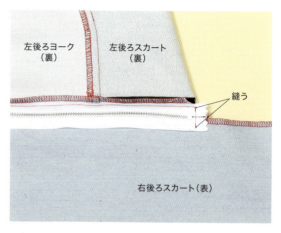

4 スカートを表にし、写真のように、左後ろスカートを折り、ファスナー止まりを**2**と垂直になるように縫う。

5 スカートを裏にし、右後ろスカートのファスナー口縫い代も、**3**と左右対象になるように切り込みを入れる。

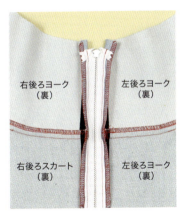

6 右後ろスカートともう片方のファスナー帯を中表にして縫う。ファスナー帯の上端は左側と同様に三角に巻くように折って縫う。

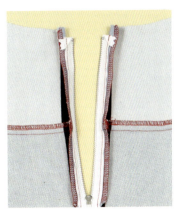

7 ファスナーのスライダーを下まで下ろす。

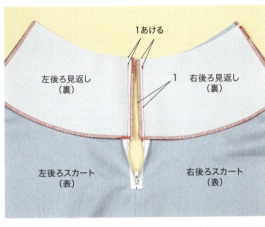

8 後ろ見返しと後ろヨークを中表に合わせ、上端を1cmあけてファスナー部分を縫う。

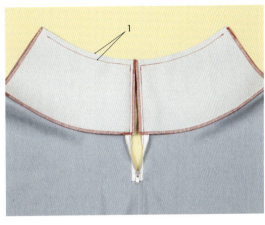

9 ウエスト部分を縫う。

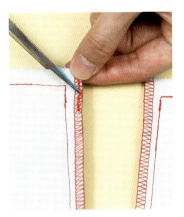

10 縫い代の角を切る。

11 反対側も同様に三角に切る。

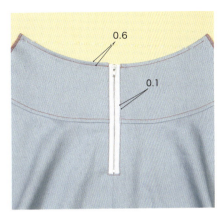

12 見返しを裏側に返し、0.1cm控えてアイロンをかける。上端から0.6cmの位置にステッチをかける。ファスナー口は0.1cmの位置にステッチをかける。

スラッシュポケットの作り方

パンツやスカートで多く見られる脇ポケットです。
09flare-variation D（写真 P.16・作り方 P.84）のパターンを例に紹介します。

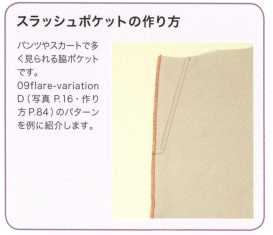

※ 写真は説明しやすいようにパーツの状態で作っています。全体の工程は、作り方ページをご参照ください。

1 裁断したら型紙を置いたまま、ポケット口止まりを目打ちで刺して印をつける。

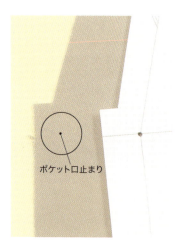

2 印をつけたところ。

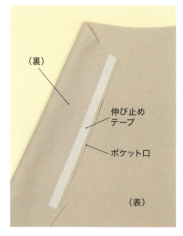

3 ポケット口の裏に伸び止めテープを貼る。

4 スカートのポケット口と袋布を中表に合わせる。

5 ポケット口を縫い、ポケット口止まりの角に切り込みを入れる。

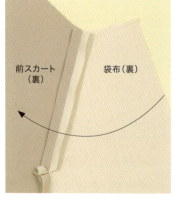

6 ポケット口をアイロンで割ってから、袋布をスカートの裏側に返す。このとき、袋布はポケット口から0.1cm控える。

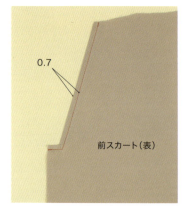

7 表からポケット口にステッチをかける。

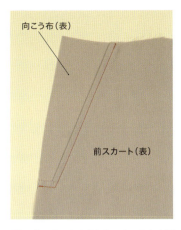

8 前スカートを表にして向こう布を当てる。

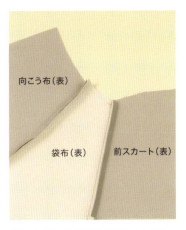

9 向こう布と袋布を外表に合わせる。

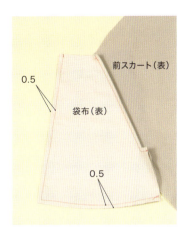

10 布端から0.5cmの位置を縫う。

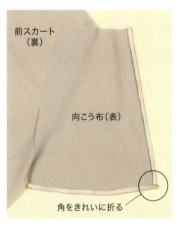

11 縫い代を向こう布側に折ってアイロンし、角の形を整えて裏に返す。

12 裏に返したところ。

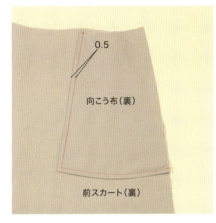

13 表にひびかないように、2辺にステッチをかける。

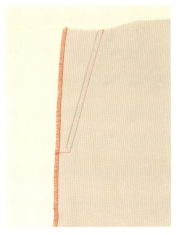

14 脇の縫い代にロックミシンをかける。

15 後ろスカートと縫い合わせ、ベルト布を縫う。

シームポケットの作り方

脇線や切り替え線を利用して作るポケットで、表側に向こう布は見えないのが特徴です。
本書では 05 flare-variation C（写真 P.11・作り方 P.69）で使用します。

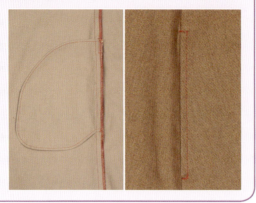

※ 写真は説明しやすいようにパーツの状態で作っています。
全体の工程は、作り方ページをご参照ください。

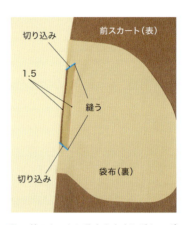

1 前スカートに袋布を中表に重ね、ポケット口の部分を 1.5cm 幅で縫う。ポケット口の上下の縫い代に斜めに切り込みを入れる。

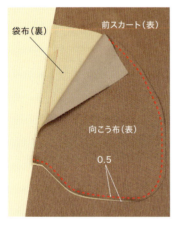

2 向こう布を表が上になるように重ね、布端から 0.5cm の位置を縫う。

3 ポケット口の脇線の角に、切り込みを入れる。

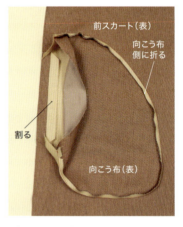

4 縫い代を向こう布側に折ってアイロンする。ポケット口の縫い代はアイロンで割る。

5 ポケット口を表に返し、向こう布をよけて 0.7cm のステッチを入れる。

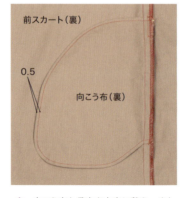

6 向こう布と袋布を中表に整え、まわりを 0.5cm で縫う（袋縫い）。ポケット口を縫い込まないように注意してスカートの脇を縫い、縫い代にロックミシンをかける。

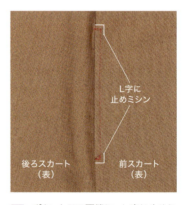

7 ポケット口の両端に、L字に止めミシンをかける。

ウエストゴムテープ1本の通し方

ウエストの後ろにのみゴムを通すことで、前姿はすっきりした印象のまま、ウエストに伸縮性を出すことができます。10 flare-variation E（写真P.17・作り方P.88）の例で紹介します。

※ 写真は説明しやすいようにパーツの状態で作っています。全体の工程は、作り方ページをご参照ください。

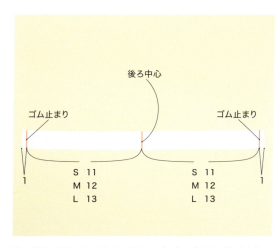

1 指定寸法にカットしたゴムテープの後ろ中心とゴム止まりの位置に印を入れる。

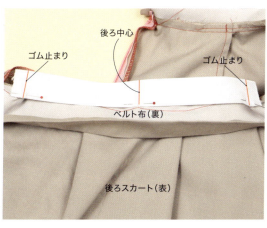

2 スカートの表側にベルト布を縫いつけたあと、ゴムテープをゴム止まりと後ろ中心の位置を合わせてまち針で留める。

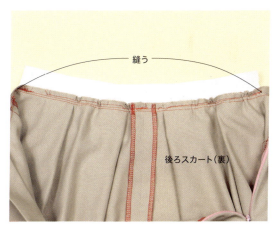

3 ゴムテープを伸ばしながら、ウエストの縫い代に縫いつける。

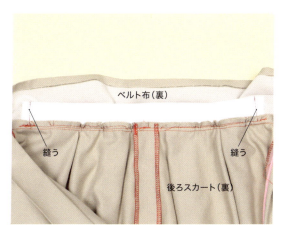

4 ベルト布を縫い目から上に折り上げ、ゴムテープの両端をベルト布に縫い留める。

5 ベルト布を縫い、表から落としミシンをかけて仕上げる（→P.47・**9**）。

ウエストゴムテープ2本の通し方

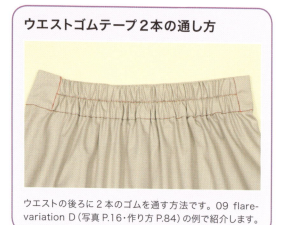

ウエストの後ろに2本のゴムを通す方法です。09 flare-variation D（写真 P.16・作り方 P.84）の例で紹介します。

※ 写真は説明しやすいようにパーツの状態で作っています。全体の工程は、作り方ページをご参照ください。

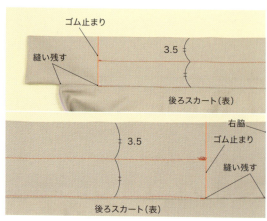

1 スカートの表側にベルト布を縫いつけたあと、ゴムテープを通す部分のみミシンをかけて仕上げる。半分の幅の位置（3.5cm）にもステッチを入れる。

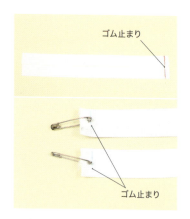

2 指定寸法にカットしたゴムテープを2本上下に並べ、ゴム止まりに印を入れる。右側は縫い合わせ、左側はそれぞれに安全ピンをつける。

3 ゴムテープを2本一緒にステッチの間に通し、安全ピンを左端まで移動させる。

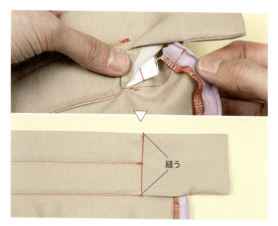

4 ゴムテープの右端が縫い目の際まで入ったら、ベルト布を仕上がりの形に整え、ゴム止まり位置で返し縫いして縫い留める。

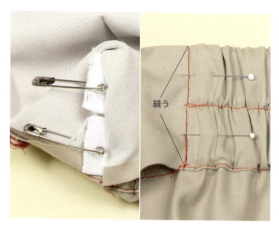

5 ゴムテープの左端を引き出し、ゴム止まり位置を合わせてまち針で留め、安全ピンをはずしてゴム止まりを縫い留める。ベルト布を仕上げる。

体型による補正について

人の体型はそれぞれです。サイズが合っていても、着用したときに部分的にシワが出てしまったり、きれいなフレアが出なかったりすることがあります。補正が必要になる典型的な例をご紹介するので、当てはまる方は、参照して、型紙を補正してみてください。

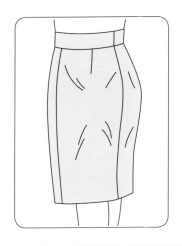

[ヒップに引かれ
シワが出る]

原因
- ヒップが立体的でハリが強い体型。
- 脇からヒップにかけて、つれてシワが出る。

対処
- 後ろ身頃の腰丈（❶）と脇幅（❷）を追加する。
- ウエストで増やしたぶんは、ダーツ分量に追加する（❸）。

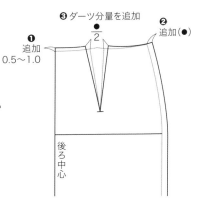

[ヒップに余りや
シワが出る]

原因
- ヒップに厚みが少ない体型。
- 生地が余り、立体感がなくなる。

対処
- 余っているシワのぶんを後ろ中心でカットする。

[フレアが脇に流れ
均等に出ない]

原因
- ヒップに厚みがなく、布がまっすぐに落ちる。
- ウエストラインの高低差が少ない。

対処
- 前中心などでフレアを出したいところをつまみ、その分量をウエストラインでカットする。

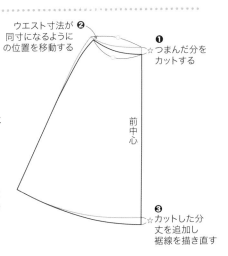

65

03 flare-variation A p.8

使用型紙…とじ込み付録【表面】
前スカート / 後ろスカート

[出来上がり寸法]

- Ⓢ ウエスト 66cm / スカート丈 70cm
- Ⓜ ウエスト 68cm / スカート丈 70cm
- Ⓛ ウエスト 70cm / スカート丈 70cm

[材料と用尺]

表布 … 148cm幅　270cm
接着芯 … 80cm幅　25cm
伸び止めテープ … 1cm幅　120cm
金属ファスナー … 長さ20cm　1本
縁どりテープ（黒）… 360cm

[パターン展開と製図]

1. 前後スカートの丈を指定寸法延長し、裾線を描く。
2. ウエスト線の中点と裾線の中点を結び、案内線を描く。
3. 裾から45cmをはかり、前後中心線、前後案内線、脇線上に印を描く（★）。
4. 裾線上で指定寸法をとり、3の印と結び、切り替え線を描く。
5. 各パーツごとに別紙に写しウエストの中点と裾線の中点を結び、展開線を描く。
6. 各パーツごとに展開線の裾側で10cm切り開き、裾線をつながりよく描く。
7. ファスナーの務歯を見せる部分をくりぬく。→ P.67・7
8. 前後スカートのウエスト見返しを製図する。

[製図]

1〜4

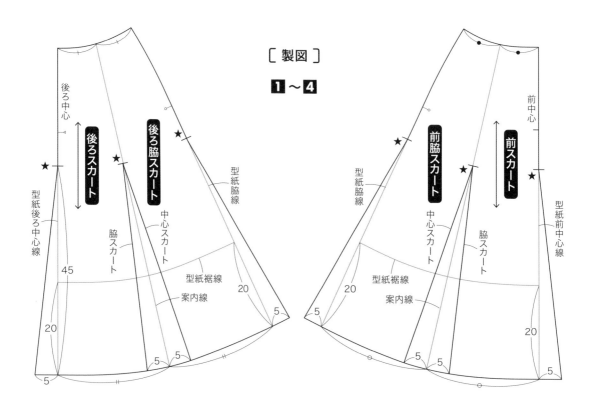

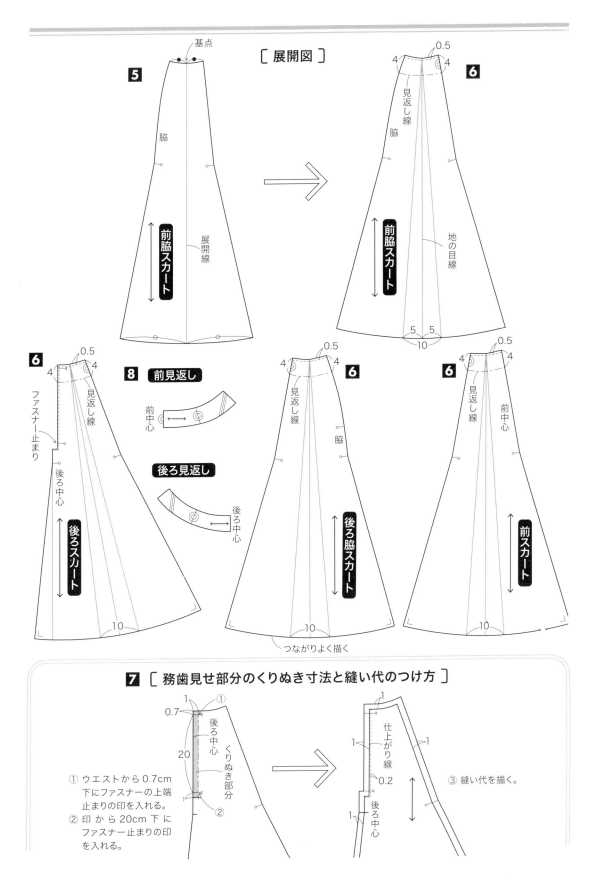

[裁ち合わせ図]

※ 指定以外の縫い代は1cm
※ ▭ 接着芯・伸び止めテープを貼る位置
※ ▨ 伸び止めテープ・インナーベルトを重ねて貼る位置

表布

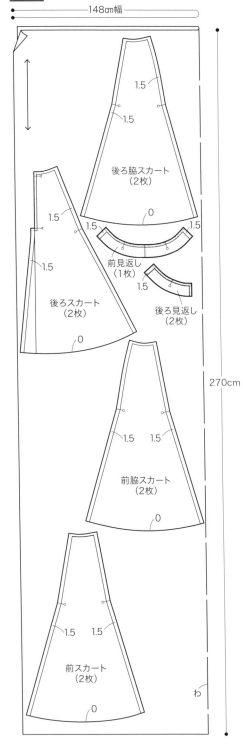

下準備

1. 前後見返しに接着芯を貼り、ファスナーあき位置部分、前後見返しのウエスト部分に伸び止めテープを貼る。
2. ファスナーあき位置、前後見返しの脇にロックミシンをかける。

[縫う順番]

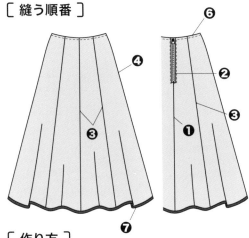

[作り方]

❶ 後ろ中心のファスナー止まり以下を縫う
　縫い代は2枚一緒にロックミシンをかけて右スカート側に倒す。

❷ ファスナーをつける → P.58・2〜7

❸ 前後スカートの切り替え線をそれぞれ縫う
　縫い代は2枚一緒にロックミシンをかけて中心側に倒す。

❹ 脇を縫う
　縫い代は2枚一緒にロックミシンをかけて後ろ側へ倒す。

❺ 見返しの脇を縫う → P.51・3

❻ ウエストを始末する → P.55・2

❼ 裾をパイピング始末する →図参照

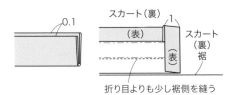

① 裏側につけるほう（0.1cm長いほう）の折り目を開き、縫い始めを1cm折る。スカートの裏と合わせ、折り目よりも少し裾側を縫う。

② 縫い終わりはパイピングテープをそのまま重ねる。

③ スカートの表側にパイピングテープをかぶせ、折り山の際を縫う。

05 flare-variation C p.11

使用型紙…とじ込み付録【表面】
前スカート / 後ろスカート /
向こう布・袋布

[出来上がり寸法]

Ⓢ ウエスト100cm (63cm) / スカート丈 80cm
Ⓜ ウエスト102cm (65cm) / スカート丈 80cm
Ⓛ ウエスト104cm (67cm) / スカート丈 80cm
※（ ）はゴムテープを通した寸法

[材料と用尺]

表布 … 144cm幅 250cm
スレキ … 110cm幅 40cm
両面接着テープ …. 0.9cm幅 30cm
伸び止めテープ … 1.5cm幅 40cm
ゴムテープ … 3cm幅 1本 S＝42cm、M＝44cm、
L＝46cm（縫い代込み）

[パターン展開と製図]

❶ 前後スカートの丈を指定寸法延長し、裾線を描く。
❷ ウエスト線と裾線をそれぞれ3等分して結び、展開線を描く。

[製図]

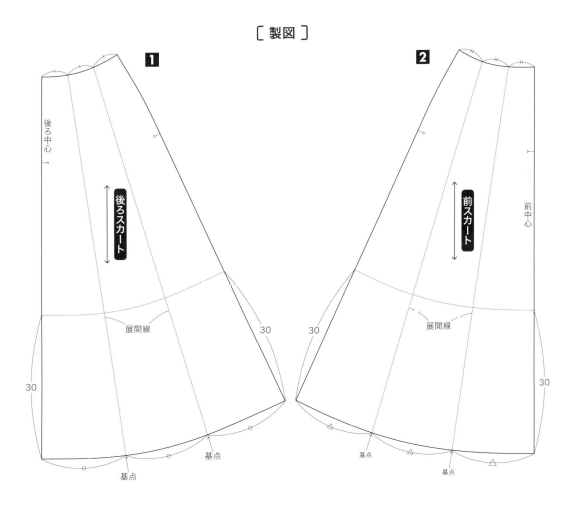

3 それぞれの展開線のウエスト側で、後ろスカートは 8cm、前スカートは 5.5cm 切り開く

4 前後スカートの指定位置に、それぞれ展開線（★）を描く。

5 4 の展開線（★）で、前後スカートそれぞれ 10cm 平行に切り開いてタックの印を描く。指定位置にタックの縫い止まりを描く。

6 前後スカートのウエスト線、裾線をつながりよく描き直す。

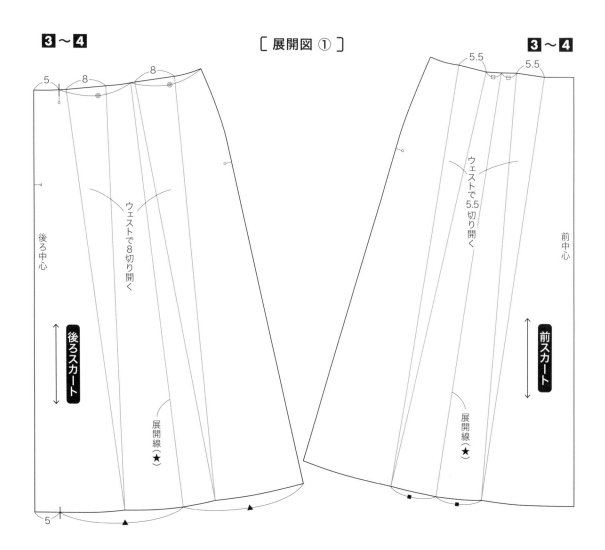

[展開図 ①]

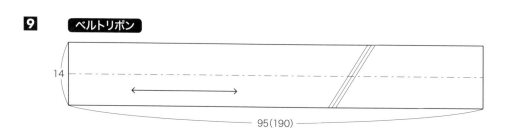

7 前後スカートの指定位置に見返し線とステッチ線を描き、見返しを別紙に写して製図する。

8 タックをたたみながらステッチ線を別紙に写し、ゴム通し布を製図する。

9 ベルト通しとベルトリボンを製図する。

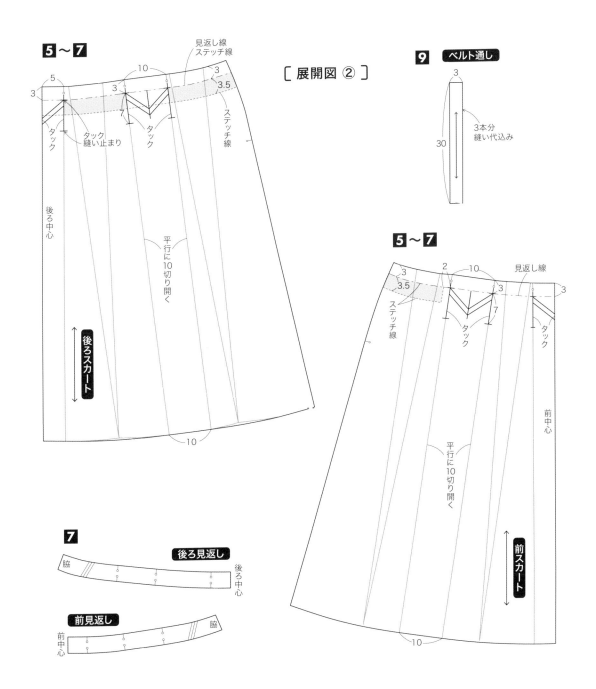

[裁ち合わせ図]

※ 指定以外の縫い代は1cm
※ ▢ 接着芯・伸び止めテープを貼る位置

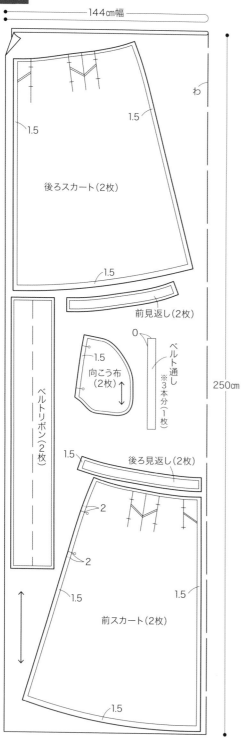

下準備

1. 前スカートのポケット口に伸び止めテープを貼る。
2. スカートの後ろ中心と前中心、見返しの後ろ中心と前中心、脇にロックミシンをかける。
3. 前後スカートの裾をアイロンで仕上がりに折る。ゴム通し布の下端をアイロンで1cm折っておく。ベルト通しを作る。→ 図参照

[ベルト通しの作り方]

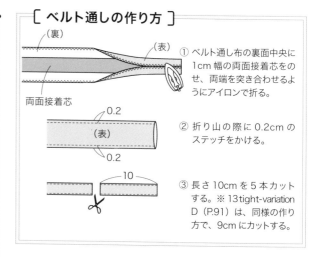

① ベルト通し布の裏面中央に1cm幅の両面接着芯をのせ、両端を突き合わせるようにアイロンで折る。

② 折り山の際に0.2cmのステッチをかける。

③ 長さ10cmを5本カットする。※13 tight-variation D（P.91）は、同様の作り方で、9cmにカットする。

[縫う順番]

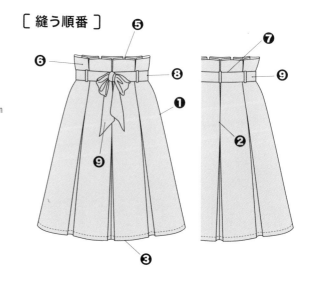

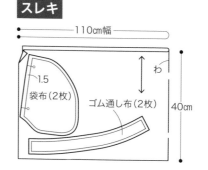

[作り方]

❶ **シームポケットを作り、脇を縫う**
シームポケットを作り脇を縫い合わせたらウエスト側の縫い代を三角にカットする。
→ P.62

❷ **後ろ中心と前中心を縫う**
縫い代はアイロンで割る。

❸ **裾を始末する**
裾にロックミシンをかけ、仕上がりに折ってステッチをかける。
→図参照

❹ **前後見返しの中心と脇を縫う**
縫い代はアイロンで割り、ウエスト側の縫い代を三角にカットして、下端にロックミシンをかける。→図参照

❺ **ウエストを始末する** →図参照

❻ **タックを縫う** →図参照

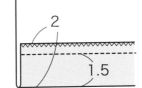

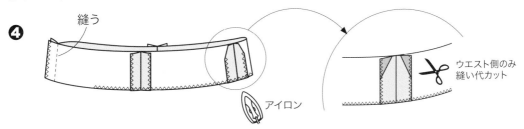

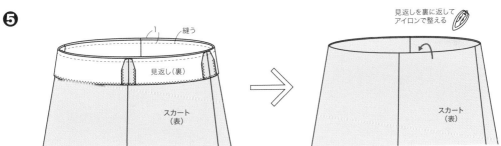

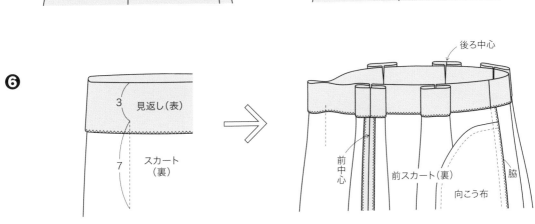

❼ ゴムテープを通す

見返しの下端にゴム通し布を縫いつけ、ゴムテープを通す。

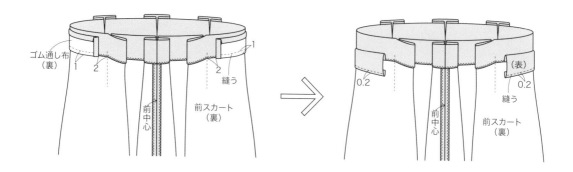

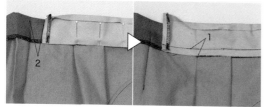

① ゴム通し布を見返しの下端に中表に合わせて、まち針で留める。
② 1cmの位置を縫う。

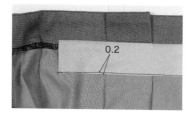

③ ゴム通し布を表に返し、0.2cmの位置を縫う。

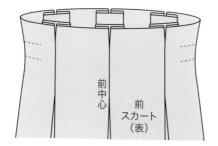

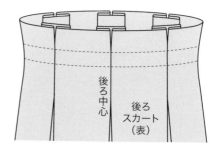

表に2本のステッチがかかっている状態になる。

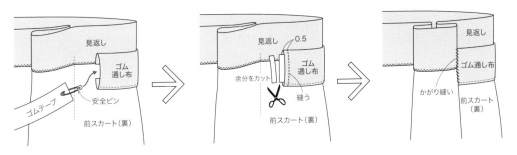

④ ゴムテープの片側に安全ピンをつけて、ゴム通し布に通す。

⑤ 両端それぞれ0.5cmの位置に止めミシンをかける。

⑥ ゴム通し布の端をタックの中に隠し、かがり縫いをする。

❽ ベルト通しをつける

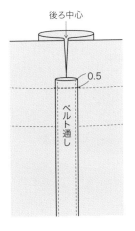
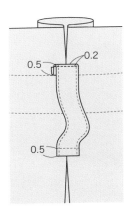
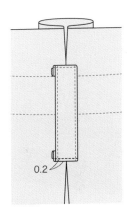

① ベルト通しを図のように合わせてステッチ線に重ねて縫う。

② 上は0.5cmたたんで0.2cmの位置にステッチをかける。下はタックの縫い止まりの位置に合わせ、縫い止まりから0.5cmの位置を縫う。

③ 余った分をたたみ、0.2cmの位置にステッチをかける。

❾ ベルトリボンを作り、通す

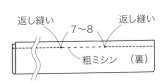
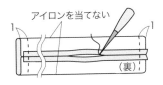
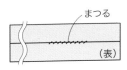

① ベルトリボンを中表に2つ折りにして縫う。返し口は7〜8cmとり、粗ミシンをかけておく。

② 折り山にアイロンがかからないように縫い代を割り、両端を縫う。返し口の粗ミシンをほどく。

③ 返し口から表に返して、アイロンで形を整える。返し口をまつる。

06 tight-variation A p.12

使用型紙…とじ込み付録【裏面】
前スカート / 後ろスカート

[出来上がり寸法]

- Ⓢ ウエスト 68cm/ ヒップ 90cm/ スカート丈 48cm
- Ⓜ ウエスト 70cm/ ヒップ 92cm/ スカート丈 48cm
- ⓂⓁ ウエスト 73cm/ ヒップ 95cm/ スカート丈 48cm
- Ⓛ ウエスト 76cm/ ヒップ 98cm/ スカート丈 48cm

[材料と用尺]

表布 … 140cm 幅　80cm
裏布 … 122cm 幅　50cm
接着芯 … 50cm 幅　60cm
伸び止めテープ… 1cm 幅　80cm、1.5cm 幅　50cm
コンシールファスナー … 長さ22cm　1本
スプリングホック … 1組

[パターン展開と製図]

1. ウエスト線を1cm 平行に下げる。
2. 前後スカートの型紙裾線から丈を短くし、ダーツ止まり位置から図のように切り替え線を描く。
3. ウエストラインから 8cm 平行にヨーク切り替え線を描き、ダーツ分をとじて写す（見返しはヨークと同じパターンを写す）。
4. 裏スカートをパーツごとに別紙に写す。

[製図・表布]

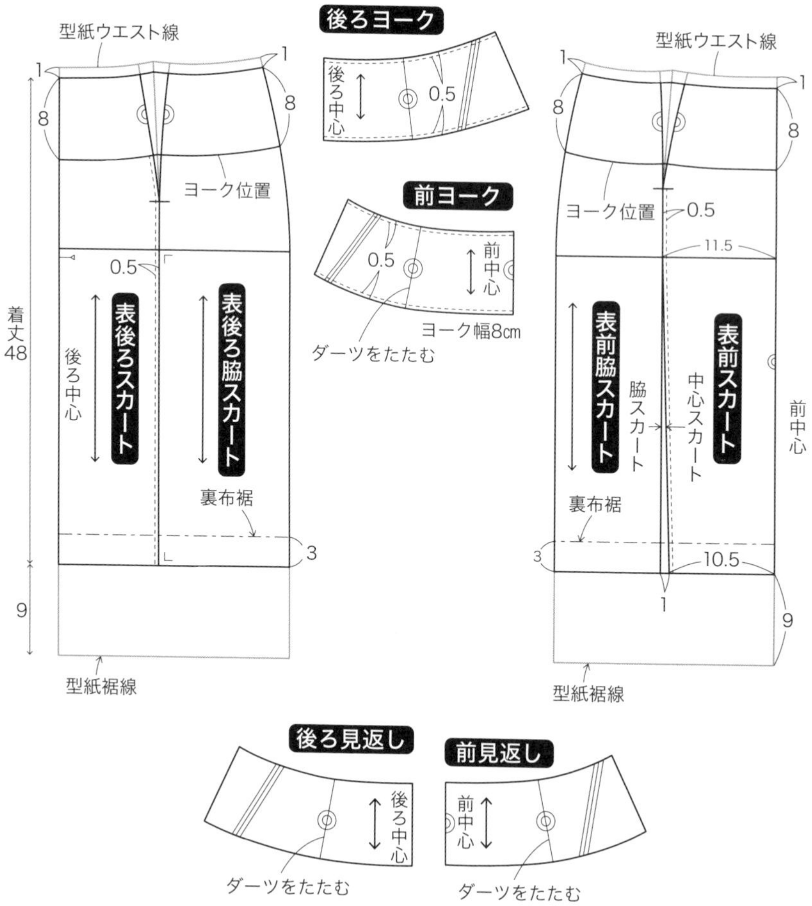

[製図・裏布]

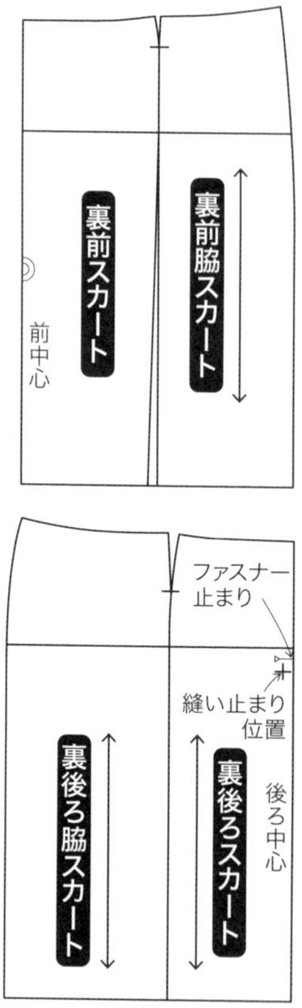

[裁ち合わせ図]

※ 指定以外の縫い代は1cm
※ ▭ 接着芯・伸び止めテープを貼る位置
※ ▨ 伸び止めテープ・インナーベルトを重ねて貼る位置

下準備

1. ヨーク、見返しに接着芯を貼る。前後の見返しのウエスト部分、ファスナーあき位置に伸び止めテープを貼る。
2. 前後スカート脇、ヨーク脇、見返し脇にロックミシンをかける。
3. 前後スカートと、前後裏スカートの裾をアイロン仕上がりに折る。

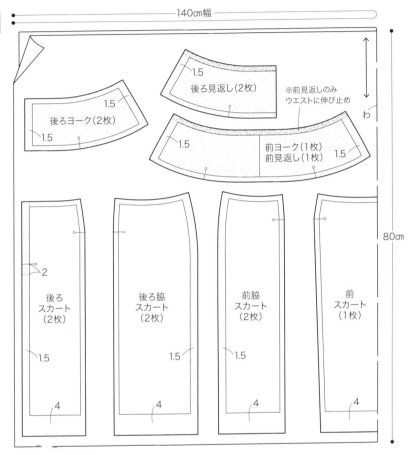

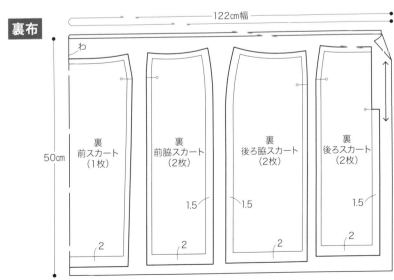

[作り方]

1. **表スカートのタテの切り替え線を縫う**
   縫い代は2枚一緒にロックミシンをかけて中心側に倒し、ステッチをかける。

2. **表スカートの脇を縫う** → P.36・4

3. **前後ヨークの脇を縫う**
   ウエスト側の縫い代は三角にカットする。
   →図参照

4. **表スカートとヨークを縫う** → P.83 下段

5. **表スカートの裾と後ろ中心にロックミシンをかける**

6. **コンシールファスナーをつける**
   左右の切り替え線の位置がずれないように、ファスナーを仮留めしてからつける。→図参照

7. **裏スカートのタテの切り替え線を縫う**
   縫い代は2枚一緒にロックミシンをかけて中心側に倒す。→図参照

8. **裏スカートの脇と後ろ中心、裾を縫う**
   図の①〜④の順に脇とファスナー止まり位置以下を縫い、裾を始末する。→図参照

9. **見返しを縫う** → P.51・3

10. **裏スカートと見返しを縫う**
    縫い代は2枚一緒にロックミシンをかけてヨーク側に倒す。→図参照

11. **裏スカートをファスナーに縫いつける** → P.43・5

12. **ウエストを始末する** → P.52・5

13. **表スカートの裾を始末する**

[縫う順番]

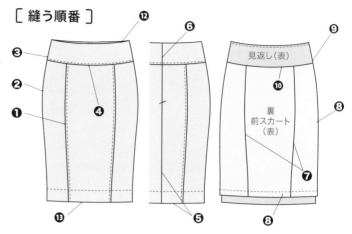

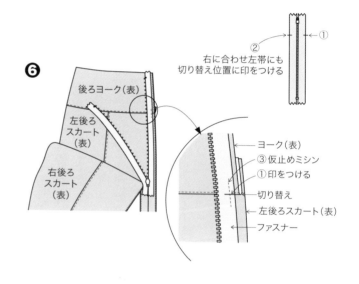

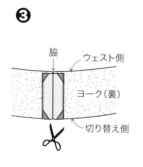

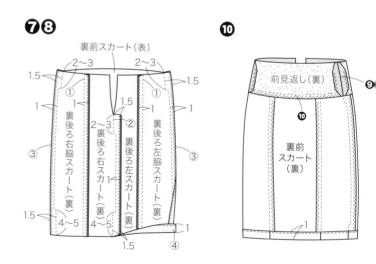

07 tight-variation B p.13

使用型紙…とじ込み付録【裏面】
前スカート / 後ろスカート

[出来上がり寸法]

- Ⓢ ウエスト 66cm/ ヒップ 90cm/ スカート丈 82cm
- Ⓜ ウエスト 68cm/ ヒップ 92cm/ スカート丈 82cm
- ⓂⓁ ウエスト 71cm/ ヒップ 95cm/ スカート丈 82cm
- Ⓛ ウエスト 74cm/ ヒップ 98cm/ スカート丈 82cm

[材料と用尺]

表布 … 138cm 幅 200cm
裏布 … 122cm 幅 100cm
接着芯 … 60cm 幅 100cm
伸び止めテープ … 1cm 幅 80cm、1.5cm 幅 50cm
コンシールファスナー … 長さ22cm 1本
スプリングホック … 1組
丸カン … 直径 4.8cm 2個

[パターン展開と製図]

1. 前後スカートの丈を指定寸法延長し、裾幅を指定寸法で描き、脇線を修正する。
2. 前スカートの左側を写し、両身にする。
3. 左前スカートのダーツ止まりから前中心線に平行に切り替え線を描く。
4. 指定寸法の位置にベンツ止まりの印を描き、ベンツ部分を製図する。
5. 前後スカートのウエスト見返しを製図する。
6. 裏スカートをパーツごとに別紙に写す。[P.81 展開図・裏スカート②] に沿って裏前スカートの丈を修正する。
7. 飾りベルトを製図する。

[製図・表スカート]

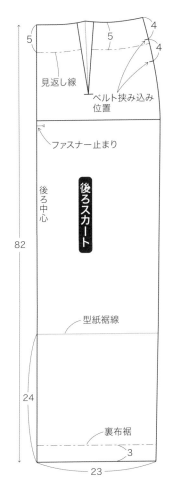
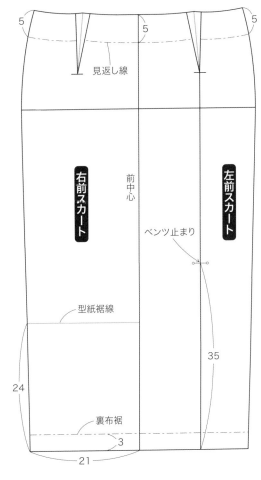

飾りベルト

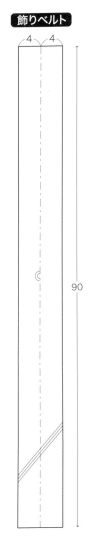

[展開図・表スカート]

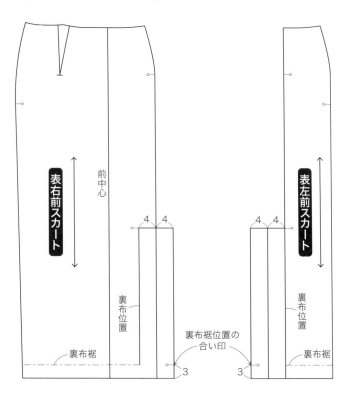

[展開図・裏スカート①]

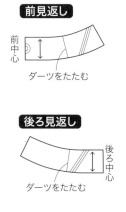

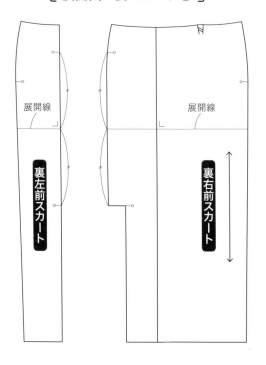

[展開図・裏スカート②]

① 展開線で平行に0.7cm開く（丈を伸ばす）。
② 裾線を描き直す。→ P.30・**5**

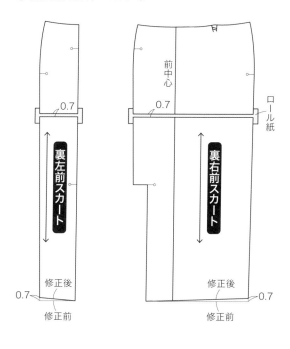

[裁ち合わせ図]

※ 指定以外の縫い代は1cm
※ ☐ 接着芯・伸び止めテープを貼る位置
※ ▦ 伸び止めテープ・インナーベルトを重ねて貼る位置

表布

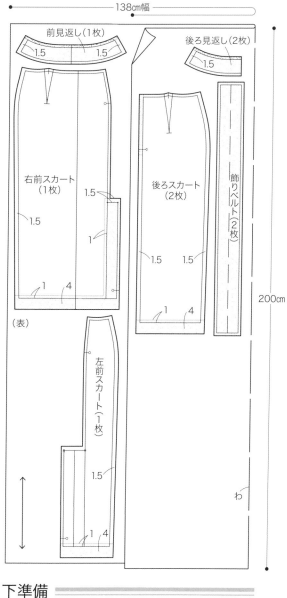

裏布

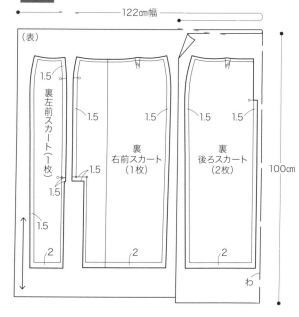

下準備

1. スカート裾と前後見返しに接着芯を貼る。前後見返しのウエスト部分、ファスナーあき位置に伸び止めテープを貼る。
2. 表スカートの後ろ中心、脇、前切り替え、ベンツ部分、前後見返し脇にロックミシンをかける。
3. アイロンで表スカートの裾と、ベンツ部分、裏スカートの裾を仕上がり線で折っておく。

[作り方]

❶ 表スカートのダーツを縫う

❷ 表前スカートの切り替えを縫う →図参照

❸ 表スカートにコンシールファスナーをつける
表スカートの後ろ中心を縫ってから、コンシールファスナーをつける。→ P.34〜35・**2〜3**

❹ 飾りベルトを作り、表後ろスカートに仮止めする
→図参照

❺ 表スカートの脇を縫う → P.36・**4**

❻ 表スカートの裾にロックミシンをかける

❼ 裏前スカートの切り替えを縫う →図参照

❽ 裏スカートの後ろ中心を縫う →図参照

❾ 裏前後スカートの脇を縫う →図参照
ウエスト部分のタックをたたんで仮留めする。

❿ 裏スカートの裾を始末する
裏スカートの裾を1cmずつの三つ折りにして縫う。

⓫ 前後見返しの脇を縫う → P.51・**3**、図参照

⓬ 裏スカートと見返しを合わせる
ウエスト部分と見返しを中表に合わせて縫う。縫い代を合わせてロックミシンをかけ見返し側に倒す。→図参照

⓭ 裏スカートを表スカートのファスナー口に縫いつける
→ P.43・**5**

⓮ ウエストまわりを仕上げる

⓯ ベンツを作る → P.45〜46・**8**

⓰ 仕上げる
ファスナー下側の縫い代を中とじし、スプリングホック、糸ループをつけて仕上げる。左側の飾りベルトに丸カンを通し、脇から6.5cmの位置で縫い留める。→図参照

[縫う順番]

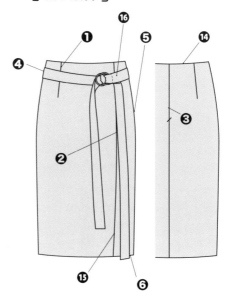

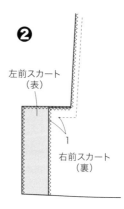

表前スカートの切り替え部分は、ウエストからベンツ止まりを通り、1cm手前まで縫う。

❹

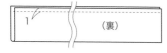

① 飾りベルトを中表に2つ折りにして縫う。

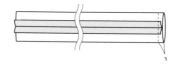

② 飾りベルトの折り山にアイロンが当たらないように縫い代を割り、一方の端を縫う。

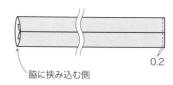

③ 表に返し、0.2cmのステッチを入れる。

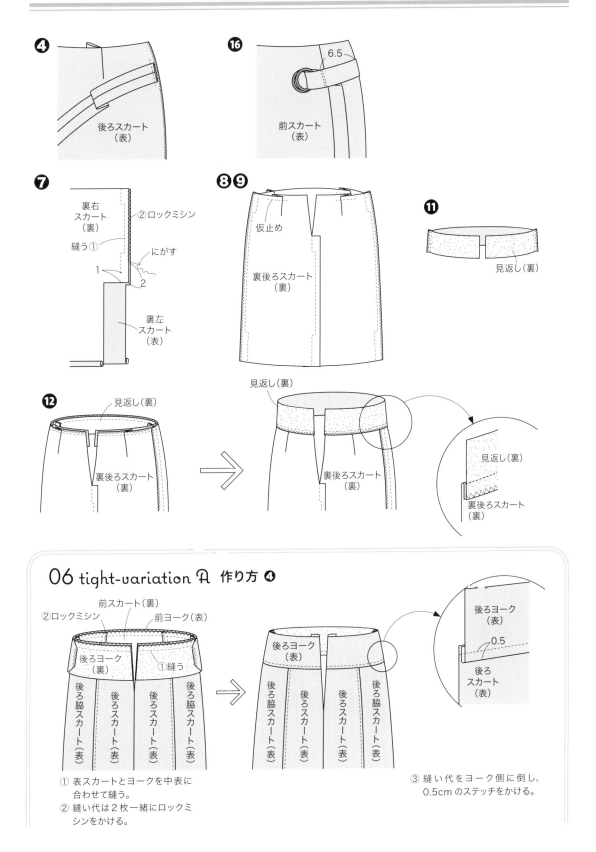

09 flare-variation D p.16

使用型紙…とじ込み付録【表面】
前スカート / 後ろスカート /
向こう布・袋布

[出来上がり寸法]

- Ⓢ ウエスト 94cm (71cm) / スカート丈 90cm
- Ⓜ ウエスト 96cm (74cm) / スカート丈 90cm
- Ⓛ ウエスト 98cm (77cm) / スカート丈 90cm

[材料と用尺]

表布 … 147cm 幅　290cm
接着芯 … 110cm 幅　20cm
伸び止めテープ … 1cm 幅　40cm、
　　　　　　　　　1.5cm 幅　40cm
コンシールファスナー … 長さ22cm　1本
ゴムテープ … 3cm 幅　2本
　S = 30cm、M = 32cm、L = 34cm（縫い代込み）
前カン … 2 組

[パターン展開と製図]

1. 前後スカートのウエスト線と裾線をそれぞれ3等分して結び、展開線を描く。
2. 各展開線上で指定寸法丈を延長して直線で結び、裾線を描く。
3. 前スカートの脇にポケット口を製図し、向こう布、袋布をそれぞれ別紙に写す。向こう布にファスナー止まりの印を描く。

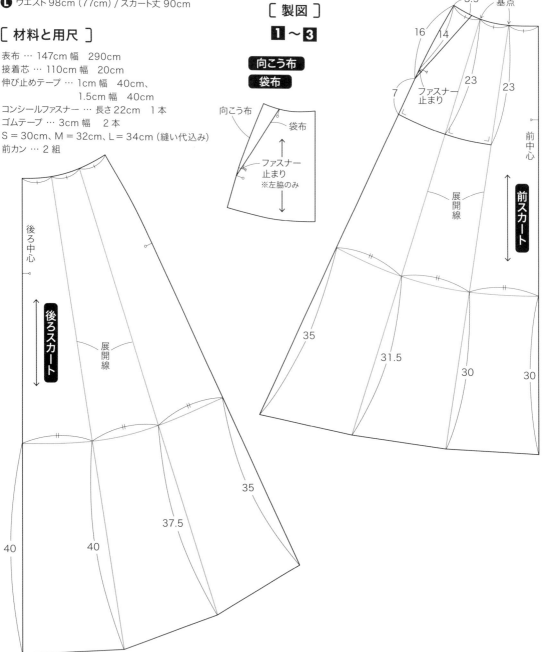

4 後ろスカートは展開線で平行に7cm切り開き、ウエスト線と裾線をつながりよく描き直す。

5 後ろスカートの指定位置に、ゴム止まりとファスナー止まりの印を描く。

6 前スカートは展開線の裾側で7cm切り開く。

7 前スカートの指定位置に展開線（★）を描く。

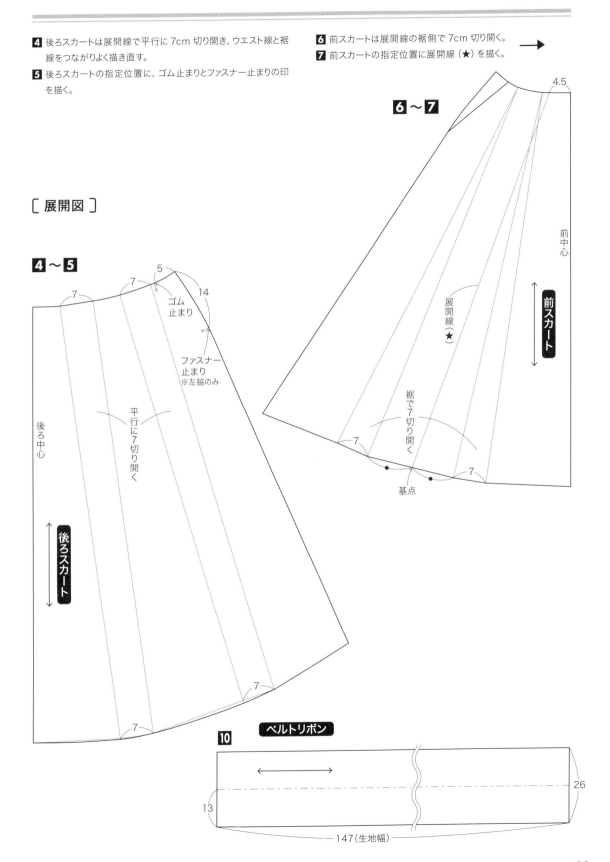

8 展開線（★）のウエスト側を14cm切り開き、タックの印を描く。
9 前スカートのウエスト線を修正し（→図参照）、裾線はつながり
よく描き直す。
10 ベルト布、ベルトリボン（P.85）を製図する。

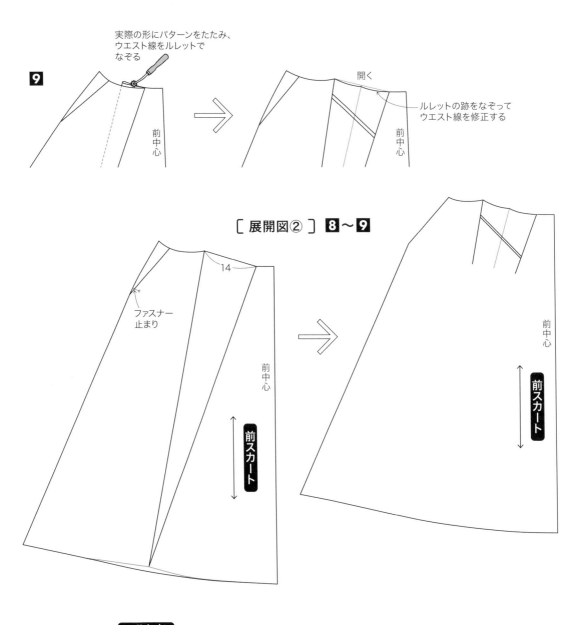

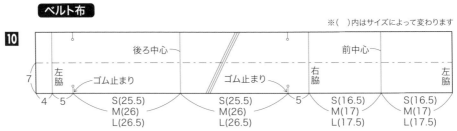

[裁ち合わせ図]

※ 指定以外の縫い代は1cm
※ ▢ 接着芯・伸び止めテープを貼る位置

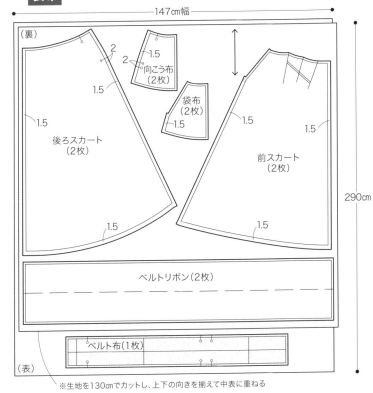

※生地を130cmでカットし、上下の向きを揃えて中表に重ねる

下準備

1. ベルト布に薄手の接着芯を貼り、ポケット口、ファスナーあき位置に伸び止めテープを貼る。
2. 後ろスカートの脇にロックミシンをかける。
3. アイロンでスカートの裾とベルト布を仕上がりに折る。

[作り方]

❶ スラッシュポケットを作る
　→ P.60・1～14

❷ 前後スカートの中心を縫う
　縫い代は2枚一緒にロックミシンをかけて左側に倒す。

❸ 前スカートのタックをたたんでミシンで仮留めする

❹ 左脇にコンシールファスナーをつける
　左脇にコンシールファスナーをつけ両脇を縫う。縫い代はアイロンで割る。

❺ 裾を始末する
　→図参照

❻ ベルト布をつけて、ウエストゴムテープを通す
　→ P.64

❼ 前カンをつける

❽ ベルトリボンを作る

[縫う順番]

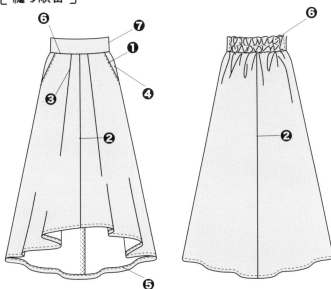

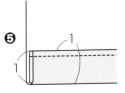

87

10 flare-variation 3 p.17

使用型紙…とじ込み付録【表面】
前スカート / 後ろスカート /
向こう布・袋布

[出来上がり寸法]

- Ⓢ ウエスト 72cm (65cm) / スカート丈前 54cm、後ろ 70cm
- Ⓜ ウエスト 74cm (68cm) / スカート丈前 54cm、後ろ 70cm
- Ⓛ ウエスト 76cm (71cm) / スカート丈前 54cm、後ろ 70cm

※（ ）はゴムテープを通した寸法

[材料と用尺]

表布 … 110cm 幅　260cm
接着芯 … 15cm 幅　90cm
伸び止めテープ … 1cm 幅 40cm、1.5cm 幅 40cm
コンシールファスナー … 長さ22cm　1本
ゴムテープ … 3cm 幅　1本
　S = 24cm、M = 26cm、L = 28cm（縫い代込み）
前カン … 1組

[パターン展開と製図]

1. 前後スカートのウエスト線と裾線をそれぞれ3等分して結び、展開線を描く。
2. 後ろ中心、前中心、各展開線、脇線で丈をそれぞれ指定寸法延長して直線で結び、裾線を描く。
3. 前スカートの脇にポケット口を製図し、向こう布、袋布をそれぞれ別紙に写す。

[製図]
1〜3

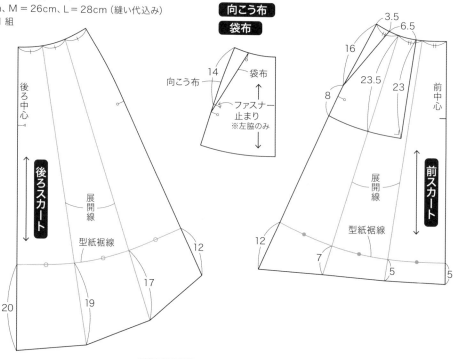

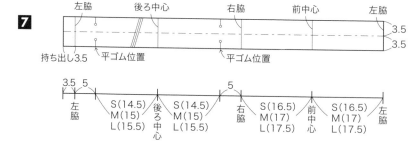

4 前後スカートの展開線で、それぞれ 8.5cm 平行に切り開き、裾線をつながりよく描き直す。
5 前後スカートのウエストに、指定寸法でタック位置を描く。
6 前スカートの指定位置に切り替え線を描き、それぞれのパーツを別紙に写す。
7 ベルト布を製図する。

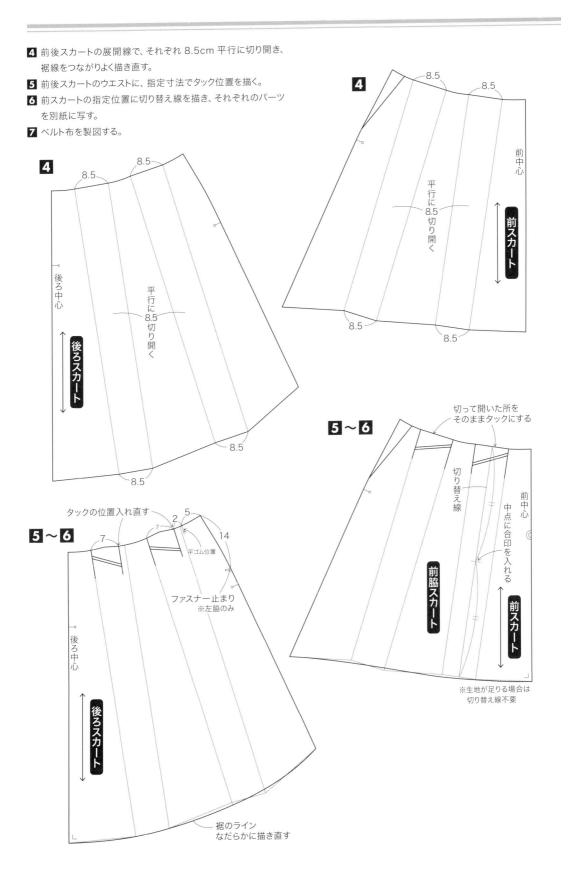

下準備

1. ベルト布に薄手の芯を貼り、ファスナーあき位置とポケット口に伸び止めテープを貼る。
2. 後ろ中心と後ろスカート脇にロックミシンをかける。
3. ベルト布と前後スカート裾をそれぞれアイロンで仕上がりに折る。

[裁ち合わせ図]

※ 指定以外の縫い代は1cm
※ □ 接着芯・伸び止めテープを貼る位置

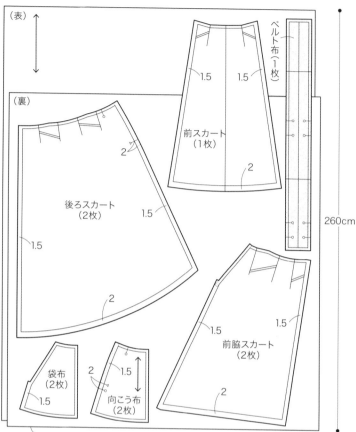

[縫う順番]

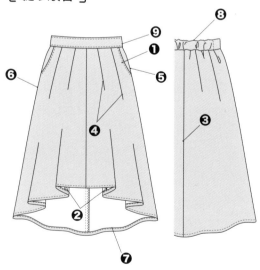

[作り方]

❶ スラッシュポケットを作る → P.60

❷ 前スカートと前脇スカートを縫う
　縫い代は2枚一緒にロックミシンをかけて中心側に倒す。

❸ 後ろ中心を縫う
　縫い代は2枚一緒にロックミシンをかけて左スカート側に倒す。

❹ 前後スカートのタックをたたみ、ミシンで仮留めする

❺ 左脇のファスナー止まり以下を縫い、コンシールファスナーをつける
　→ P.34・3

❻ 右脇を縫う
　縫い代は2枚一緒にロックミシンをかけて後ろ側に倒す。

❼ 裾を始末する →図参照

❽ ベルト布をつけ、ゴムテープを通す
　→ P.63

❾ 前カンをつける

13 tight-variation D p.22

使用型紙…とじ込み付録【裏面】
前スカート / 後ろスカート /
向こう布・袋布 / 後ろポケット

[出来上がり寸法]

- Ⓢ ヒップ 97cm/ スカート丈 60cm
- Ⓜ ヒップ 99cm/ スカート丈 60cm
- ⓂⓁ ヒップ 102cm/ スカート丈 60cm
- Ⓛ ヒップ 105cm/ スカート丈 60cm

※ヒップハング（腰ばき）のデザインのためウエストの出来上がり寸法を記載していません。タイトスカート原型のウエスト寸法を参考にサイズを選んでください。

[材料と用尺]

表布 … 150cm幅 140cm
スレキ … 110cm幅 30cm
接着芯 … 90cm幅 90cm
伸び止めテープ … 1cm幅 40cm
ボタン … 直径2.2cm 7個
リベットボタン … 直径0.8cm 8組

[パターン展開と製図]

1. 前後スカートのウエスト線を指定寸法下げて描き直し、ベルト布を4cm平行に描き、指定寸法分のダーツをとじて製図する。→ P.29・1
2. 後ろスカートにヨーク切り替え線を描き、指定寸法分ダーツをとじて製図する。→ P.30・3
3. 前後スカートの丈を指定寸法延長し、裾幅を指定寸法で描き、脇線を修正する。
4. 前後スカートのダーツ止まり位置から中心線と平行に案内線（★）を描き、指定寸法で切り替え線を製図する。
5. 前端線を製図し、ボタン位置の印を描く。
6. 前後スカートに裾見返し線を描く。
7. 前スカートの脇にポケット口を製図し、向こう布、袋布の線をダーツをたたんで製図する。→ P.30・4
8. 前後スカートをパーツごとに別紙に写し、前後裾見返しを製図する。

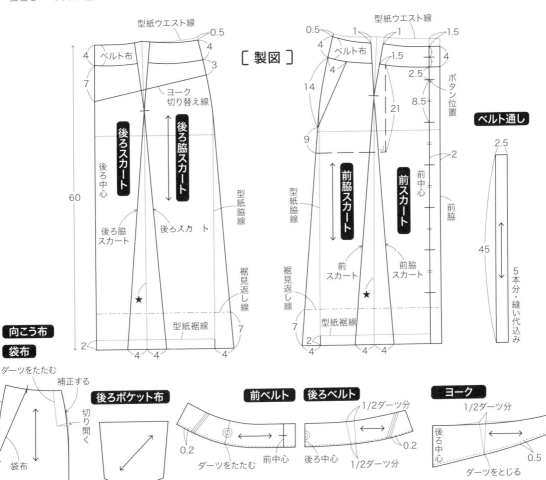

[展開図]

5～6

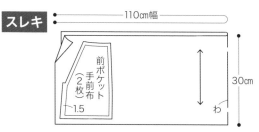

[裁ち合わせ図]

※ 指定以外の縫い代は1cm
※ ▢ 接着芯・伸び止めテープを貼る位置

表布

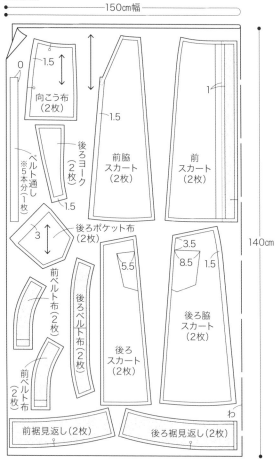

スレキ

下準備

1. ベルト布、前端見返し、裾見返しに接着芯を貼る。前脇ポケット口に伸び止めテープを貼る。
2. 後ろポケットまわり、ベルト通しの両端、裾見返しの下端以外の外回りにロックミシンをかける。
3. 後ろポケットをアイロンで仕上がりに折る。ベルト通しを作る。
   → P.72

[作り方]

1. **後ろスカートのタテの切り替え線を縫う**
   縫い代は2枚一緒にロックミシンをかけ、裾側の縫い代を三角にカットし、中心側に倒してステッチをかける。

2. **後ろポケットを縫う**

3. **後ろスカートとヨークを左右それぞれ縫う** →図参照

4. **後ろ中心を縫う**
   縫い代は2枚一緒にロックミシンをかけて左スカート側へ倒しステッチをかける。

5. **前スカートのタテの切り替え線を❶と同様に縫う**

6. **スラッシュポケットを作る** → P.60

7. **前後スカートの脇にロックミシンをかけて、脇を縫う** → P.36・4

8. **裾見返しを縫う** →図参照

9. **ベルト通しを仮留めする**

10. **裾見返しをスカートの裾につける**
    裾見返しとスカートを中表にして前中心の端をタテに縫ってから（①）、仕上がり線に合わせて中表に折る（②）。裾見返しとスカートの裾を縫い合わせる（③）。

11. **前端を始末する**
    前端を表に返しアイロンで仕上がりに折ってからステッチをかける。

12. **ベルト布を縫う**

13. **ベルト通しを縫う** →図参照
    ベルト通しを縫い、前後ポケット口にリベットを打つ。

14. **ボタンをつけ、ボタンホールをあける**

[縫う順番]

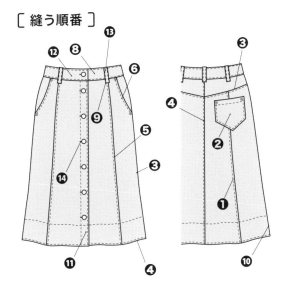

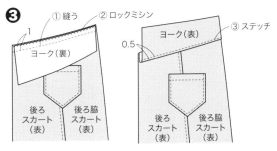

裾見返しを縫い合わせ、縫い代の下側を三角にカットする。

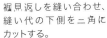

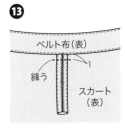

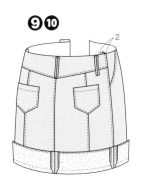

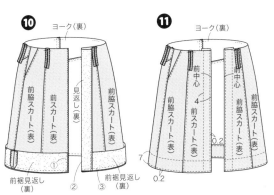

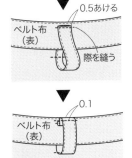

93

12 flare-variation F p.20

使用型紙…とじ込み付録【表面】
前スカート / 後ろスカート

[出来上がり寸法]

- Ⓢ ウエスト 66cm / スカート丈 63cm
- Ⓜ ウエスト 68cm / スカート丈 63cm
- Ⓛ ウエスト 70cm / スカート丈 63cm

[材料と用尺]

表布 … 152cm幅　140cm
接着芯 … 60cm幅　80cm
伸び止めテープ … 1cm幅　130cm
金属ファスナー … 長さ20cm　1本

[パターン展開と製図]

1. 前後スカートの丈を指定寸法延長し、裾線を描く。
2. ファスナーの務歯を見せる寸法をくりぬく。→ P.67・**7**
3. 前後スカートにヨーク切り替え線を描き、ヨークを別紙に写す。
4. 前後スカートのヨーク切り替え線と原型裾線をそれぞれ3等分して結び、展開線を描く。
5. 各展開線の裾側で8cm切り開き（☆）、脇の裾側で4cmひろげ、脇線を修正する。裾線はつながりよく描き直す。

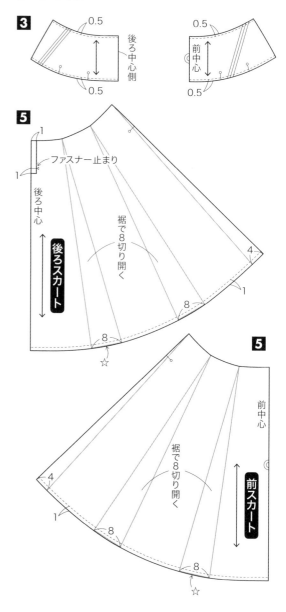

[裁ち合わせ図]

※ 指定以外の縫い代は1cm
※ ▢ 接着芯・伸び止めテープを貼る位置
※ ▨ 伸び止めテープ・インナーベルトを重ねて貼る位置

表布

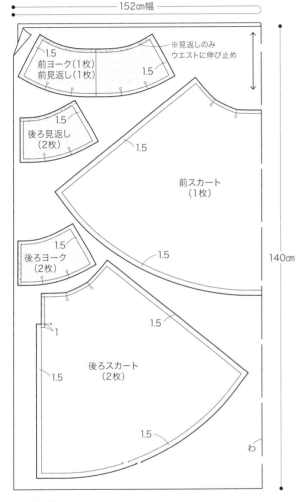

[縫う順番]

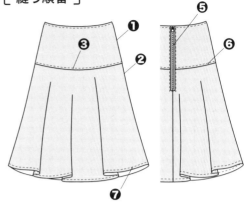

[作り方]

❶ **前後ヨークの脇を縫う**
縫い代はアイロンで割り、ウエスト側の縫い代を三角にカットする。

❷ **前後スカートの脇を縫う** → P.36・4

❸ **スカートとヨークを縫う** → P.83・下段

❹ **見返しを縫う** → p51・3、図参照

❺ **ファスナーをつけ、ウエストを始末する**
→ P.58、図参照

❻ **見返しを留める**
ヨーク切り替えの両脇に、落としミシンをかけて見返しを留める。→図参照

❼ **裾を始末する** →図参照

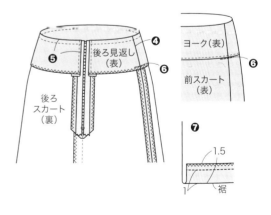

下準備

1. 前後ヨーク、前後見返しに接着芯を貼り、前後見返しのウエストとファスナーあき位置に伸び止めテープを貼る。
2. 後ろスカートの後ろ中心、前スカートの脇、後ろヨークの後ろ中心、前後ヨークの脇、後ろ見返しの後ろ中心、前後見返しの脇にロックミシンをかける。
3. 前後スカートの裾をアイロンで仕上がりに折る。

ファスナー部分のロックミシンのかけ方。

小峯有華 (こみねゆか)

衣装制作、パタンナー。北海道生まれ。1996年、バンタンデザイン研究所ファッション学部卒業。アパレルメーカー勤務後にフリーランスに。コレクションブランドのパターン外注、タレント衣装、コマーシャル衣装、ミュージシャンのライブやPV衣装の制作を行う。都内の服飾系専門学校でパターン・ソーイングの講師をしている。また自身のブログで、縫い方やパターンのコツを独自の視点で解説している。
著書に『まっすぐ縫って作れる、背が低めな人のための大人服』『パターン展開でバリエーションを楽しむパンツ～2つの原型から作る11のデザイン～』(ともに誠文堂新光社刊)がある。

【STAFF】
撮影：佐々木慎一（SIGNO）、内田祐介
アートディレクション＆デザイン：青海陽子（Bond Systems）
スタイリング：相澤樹
モデル：シェリー・Y
プロセス縫製協力：藤田オリエ
撮影協力：高橋有希乃、竹川澪、高橋ゆめ
グレーディング：中垣良亮
図版・イラスト：長瀬京子
編集：株式会社 童夢

撮影協力
バンタンデザイン研究所東京校
デザイナーズメゾン
東京都渋谷区恵比寿南1-9-14
03-5704-2111
https://www.vantan.com/access/

バンタンデザイン研究所東京校
セッションタワー
東京都渋谷区恵比寿西1-3-4
03-5456-8630

【生地・糸提供】
オカダヤ新宿アルタ 生地館
東京都新宿区新宿3-24-3 新宿アルタ
（4F・5F）
03-6273-2711
http://www.okadaya.co.jp/shinjuku/

cocca
東京都渋谷区恵比寿西1-31-13
03-3463-7681
https://www.cocca.ne.jp/

エレガンス
東京都荒川区東日暮里5-33-10
03-3891-8998
http://www.eleg.co.jp/

MOMO
東京都荒川区東日暮里5-50-1
03-3891-3346

フジックス
京都府京都市北区平野宮本町5
075-463-8111
https://www.fjx.co.jp/

パターン展開でバリエーションを楽しむスカート
2つの原型から作る11のデザイン　　　NDC593

2019年4月11日　発　行

著　者　小峯有華（こみねゆか）
発行者　小川雄一
発行所　株式会社 誠文堂新光社
　　　　〒113-0033　東京都文京区本郷3-3-11
　　　　[編集] 電話 03-5805-7285
　　　　[販売] 電話 03-5800-5780
　　　　http://www.seibundo-shinkosha.net/
印刷・製本　図書印刷 株式会社

©2019,Yuka Komine.
Printed in Japan

検印省略
万一落丁、乱丁本は、お取り替えいたします。本書掲載記事の無断転用を禁じます。また、本書に掲載された記事の著作権は著者に帰属します。これらを無断で使用し、展示・販売・レンタル・講習会等を行うことを禁じます。

本書のコピー、スキャン、デジタル化等の無断複製は、著作権法上での例外を除き、禁じられています。本書を代行業者等の第三者に依頼してスキャンやデジタル化することは、たとえ個人や家庭内での利用であっても、著作権法上認められません。

JCOPY <(一社)出版者著作権管理機構 委託出版物>
本書を無断で複製複写（コピー）することは、著作権法上での例外を除き、禁じられています。本書をコピーされる場合は、そのつど事前に、(一社)出版者著作権管理機構（電話 03-5244-5088／FAX 03-5244-5089／e-mail:info@jcopy.or.jp）の許諾を得てください。

ISBN978-4-416-51924-0